Das Buch „Mein Krampf"

Was ist eigentlich los mit den Menschen in Deutschland ? Haben wir aus zwei Weltkriegen nichts gelernt ? Hat der Kriegsverbrecher und Massenmoerder Adolf Hitler und seine Handlanger nicht genug Schaden angerichtet ? Und 2016 soll seine Hetzschrift „Mein Kampf" weiterverbreitet werden, nur weil das Urheberrecht fuer diese Schande der Literatur ausgelaufen ist ?
Dagegen wollte ich mit meinem Buch etwas unternehmen und einigen Menschen in Deutschland vor Augen fuehren, welche Auswirkungen dieses Buch bis heute hat.
Die zunehmende rechtsradikale und auslaenderfeinliche Bewegung in Deutschland macht mich sehr betroffen.
Ist Deutschland auf dem rechten Weg ?

Alle Buerger dieses Landes sollten mal ueber ihre innere Einstellung nachdenken. Es wuerde ja schon genuegen, wenn man versucht, sich in einen anderen Menschen hineinzuversetzen, z.B. was wuerde ich tun, wenn meine Heimat, meine Stadt, durch Krieg zerbombt wuerde ? Wuerde ich nicht auch fluechten und in einem anderen Land Schutz suchen ? Wir alle sind nur eine kurze Zeit Gast auf dieser Erde. Es ist egoistisch und anmassend zu denken oder zu sagen, dass ist: „Meine Stadt", „Mein Deutschland" oder „Wir sind das Volk" und schon garnicht „Mein Kontinent". Niemand hat einen Alleinanspruch auf Stadt, Land, Volk oder Erdteil. Nur wer mit seinem Nachbar in Frieden leben will, ihn akzeptiert und tolerant ist, egal welcher Herkunft oder Hautfarbe, wird ein glueckliches und zufriedenes Leben fuehren.

Inhaltsverzeichnis

Das Buch „Mein Krampf" S. 1

Einleitung Mein Krampf S. 5

Herstellung und Verlag:
BoD - Books on Demand, Norderstedt
ISBN 978-3-8334-9017-0

EINLEITUNG

MEIN KRAMPF !

Zu Beginn moechte ich ein paar ganz einfache Fragen an die Leute richten, die bis heute Adolf Hitler, das dritte Reich und die nationalsozialistische Politik verehren und die, die sagen: „Es waere ja nicht alles schlecht gewesen im Hitler Deutschland". Habt ihr euch eigentlich mal die Muehe gemacht, richtig in die Fakten zu schauen oder euch damit beschaeftigt, was genau Hitler, sein Buch und die Nationalisten bis heute angerichtet haben ? Nun, wenn Ihr euch noch keine Gedanken gemacht habt, dann moechte ich doch mal folgende Fragen stellen:

Stellt euch vor ihr wuerdet ab sofort von der Polizei und den staatlichen Behoerden registriert und damit man eure Gesinnung

auch gleich erkennt, muesst ihr alle ein Erkennungsmerkmal tragen. Sagen wir mal, eine Armbinde mit dem Zeichen „N" fuer Nationalsozialist.
Wie findet ihr das ?
Hoer ich da Ablehnung ?

Wer von euch diese Binde nicht traegt, macht sich strafbar, wird sofort verhaftet und kommt ins Gefaengnis. Danach faengt man an, euch das Leben so richtig schwer zu machen, indem man eure Geschaefte boykottiert und euch jeglichen Handel und alle Geschaeftsbeziehungen untersagt.
Wie gefaellt euch das ?
Hoer ich da einen Aufschrei ?

Dann wird die ganze rechte Gesellschaft wegen ihres Gedankengutes geaechtet und der Staat befiehlt der Polizei und den Buergern alle zu kontrollieren. Danach beginnt man mit der Jagd

auf alle Nationalisten, Patrioten und Rechtsradikale und sie werden ausgeraubt, ihre Geschaefte gepluendert, Wohnungen zerstoert und man beginnt sie systematisch zu verhaften. Sie werden von der Staatsmacht abgeholt, auch ihre Frauen und Kinder werden abgeholt, entwuerdigt, ohne Begruendung eingesperrt und muessen Zwangsarbeit leisten.
Koennte man das verstehen oder gut heissen ?
Hoere ich da endlich Empoerung ?

Doch jetzt kommt es erst richtig schlimm fuer alle Rechten. Sie werdet alle, ohne Ausnahme, Frauen, Kinder, Alte und Junge, abgeholt und in Gueterzuege verfrachtet. Keine schoenen Sitzplaetze, nein, in Viehwaggons werden sie wie die Sardinen zusammengedruasckt, keine Luft zum atmen und man bringt sie in ein Konzentrationslager in dem unmenschliche Verhaeltnisse herrschen. Dort trifft man dann eine Auswahl. „Die Guten ins Toepfchen, die Schlechten ins Kroepfchen", wer von den rechten Nationalisten arbeiten kann und gebraucht wird, der kommt zur Zwangsarbeit in eine Fabrik ohne Bezahlung und schuftet bis zum Umfallen oder bis er vor Erschoepfung verreckt. Alle Anderen muessen im KZ Lager dahinvegetieren mit wenig Wasser und Brot und werden ihrer letzten Wuerde beraubt, muessen ihre letzten Habseligkeiten abgeben, Kleider, Schuhe, Uhren, Schmuck und zuletzt auch noch ihre Haare. Dann werden diese, inzwischen abgemagerten Koerper, zum Duschen geschickt und dort wartet der Tod, weil statt Wasser aus der Dusche ein Gas allen den Atem nimmt. Danach werden die schlaffen Koerper wie Abfall in eine Brennkammer gesteckt und nur ein Haeufchen Asche bleibt von allen Nationalisten uebrig.

Wie gefaellt euch diese Vorstellung ?
Hoere ich da jetzt Entsetzen ?

Natuerlich gefaellt euch das nicht. Jeder Mensch, der auch nur einem Funken Anstand und Empathie in sich traegt, muss das empoert ablehnen. Da hoere ich selbst die schlimmsten Rechtsradikalen schreien: „Schweinerei, diese Verbrecher, denen wuerden wir es zeigen, wir wuerden uns dagegen wehren und eine Revolte starten".

NEIN ! wuerdet ihr nicht, weil es zu viele Polizisten und Soldaten sind und weil es zu viele „fanatische Buerger" gibt, die mitmachen, genau so wie im dritten Reich die Mehrheit mitgemacht hat, genau so wie der „Fuehrer", seine Mitstreiter, seine Schlaegertruppen und seine Parteigenossen, genau so wie diese diktatorischen Verbrecher, die unser Land ins Chaos gestuertzt haben. Was damals von deutschem Boden ausging war ein

UN – VOR – STELL – BARES Verbrechen an der

Menschheit.

Aber es geht noch weiter.

Nun stellt euch vor, eure Heimat ist vom Krieg

zerbombt, ihr werdet verfolgt und muesst um

euer Leben fuerchten, da findet ihr noch ein

Schlupfloch um zu entkommen und ihr wuerdet

alles unternehmen um euer nacktes Leben zu

retten. Die Flucht gelingt euch in ein

Nachbarland und ihr seid heilfroh dort lebend

anzukommen. Doch ploetzlich werdet ihr dort

mit Hass und Abweisung begruesst und eure

Unterkuenfte werden abgefackelt, die Leute

schreien euch an: „Raus mit dem Dreck" oder

„Keine Asylanten in unserem Land" oder „Wir

sind das Volk" !

WIE WUERDET IHR EUCH DANN FUEHLEN !?

Natuerlich wuerde sich jeder Mensch grausam

behandelt fuehlen, von Gott und der Welt verlassen, ohne Mitleid oder Verstaendnis fuer seine Situation. Leute, was sind denn 1 Million Fluechtlinge jedes Jahr in Deutschland, gegen die vielen Millionen, die wir allein im zweiten Weltkrig vertrieben haben ? Waere es da nicht angebracht jetzt menschlich zu handeln ? Und was noch viel schlimmer ist, die 6,3 Millionen Menschen aus dem juedischen Volk, die das deutsche Regime zwischen 1940 und 1945 auf bestialische Weise ermordet hat.

Wollen wir wirklich diese Schande auf uns sitzen lassen ? Wer diese Verbrechen immer noch nicht glauben mag und den Holocaust leugnet, der braucht nur in jedes Geschichtsbuch, Lexikon zu schauen oder besser noch, in die ZDF Mediathek, da kann er sich die originalen Filme aus dieser Zeit anschauen. Aber Vorsicht, nichts fuer schwache Nerven, mir ist dabei schon schlecht geworden angesichts der entsetzlichen Bilder.

Wer jetzt noch denkt : „Ich bleibe trotzdem ein Rechter, ein Verehrer des dritten Reiches, ein reinrassiger Deutscher, der kein Asylrecht und keine Gastfreundschaft fuer Auslaender will", dem ist einfach nicht mehr zu helfen. Der hat kein Herz, kein Mittleid, keine Empathie fuer niemanden und hat den gleichen menschenverachtenden Groessenwahn im Hirn wie ihn die Nationalisten, ihr Fuehrer und seine Schlaegertruppen schon damals hatten.

1. Kapitel „Mein Krampf"

„Mein Krampf" ist eine Klage, ein schmerzlicher Gedanke, eine Empoerung, ein seelischer und emotionaler „Krampf", den ich oft bekomme, wenn ich ueber die Vergangenheit meines Vaterlandes nachdenke. Gleichzeitig kann ich die Ausreden, die ich bis heute von den unverbesserlichen Patrioten (reimt sich auch gut auf Idioten) hoeren muss, dass dritte Reich waere doch gar nicht so schlimm gewesen, nicht mehr hoeren. Die meisten Argumente sind dann, wir hatten doch alle Arbeit und Brot, wir haben doch schoene Gebaeude und Autobahnen gebaut. Das aber die meisten Menschen in riesigen Fabriken nur an Kriegsgeraeten, wie Panzer, Artillerie, U-Bote, Schlachtschiffe, Jagdflugzeuge, Bomber, Maschinengewehre und enormen Mengen an Munition gearbeitet haben, das hat sie nicht nachdenklich gemacht. Niemand wollte die drohende Gefahr sehen oder ihr Einhalt gebieten. „Mein Krampf" bezieht sich auf den sogenannten "Fuehrer" Adolf Hitler, auf seine perverse Hetzschrift „Mein Kampf", seine Anhaenger bis heute und die Gefahr, dass auch in Zukunft fuer dieses menschenverachtende Verbrecherregime immer wieder nationalistische Sympathisanten gefunden werden.

Wie konnte das alles passieren ?

Wir waren doch ein Volk der Dichter und Denker ?

Einigkeit und Recht und Freiheit heisst es doch in unserer Nationalhymne, oder ?

Aber auch Goethe sagte einmal „Es ist der Charakter der Deutschen, dass sie ueber alles schwer werden, dass alles ueber ihnen schwer wird." Wenn er in der heutigen Zeit leben wuerde, kaeme er zu einem anderen Resultat „Es ist der Charakter der Deutschen, dass sie die Rechtsradikalen zu leicht nehmen und dass die Gier nach Reichtum und Spass an erster Stelle steht" so sieht es leider heutzutage aus. Beispiele aus der heutigen Medien-Kultur: Die Hauptsache fuer den Otto Normalbuerger ist doch, sie koennen jeden Tag ihre Soap-Serien im Fernsehen sehen. Da werden die Buerger ueber Jahrzehnte von einer Hand voll Drehbuchautoren und TV Regisseuren verbloedet. Mit diesem absoluten geistigen Schwachsinn der heutigen Soaps wie : „Lindenstrasse" „Rote Rosen" „Sturm der Liebe" „Verbotene Liebe" und viele mehr, in denen den Zuschauern die kranken Fantasien der Autoren einer Wohlstandsgesellschaft vermittelt werden und in der man ausfuehrlich zeigt, wie man am besten die Mittmenschen und den Partner, betruegt, beluegt, verraet, hintergeht, vergiftet, ermordet, beraubt, intrigiert, Falschaussagen macht und immer wieder davonkommt, weil ja die dumme Polizei zu bloed ist, die boesen Menschen dingfest zu machen. Ja gehts noch ? Und diese taeglichen trivialen Handlungen werden kuenstlich in die Laenge gezogen, damit ja viele Folgen entstehen koennen. Wie kann es sein, dass man den Zuschauern ihre Zeit stiehlt, mit solchen belanglosen und verbloedeten TV Serien ? Die Massen werden wie Drogenabhaengige langsam vergiftet. Natuerlich kann man einwenden, dass wir in einer Demokratie leben und jeder darf seine Meinung frei aeussern. OK, das verstehe ich schon und nehme es auch fuer mich in Anspruch. Aber der kleine Unterschied ist, dass das oeffenlich rechtliche Fernsehprogramm nicht aus einer Person oder einer Meinung besteht, sondern ein Medium ist, in dem viele verschiedene Meinungen ihren Ausdruck finden sollten. Es beeinflusst ohne Zweifel Millionen von Menschen. Es hat die riesige Verantwortung, dass sie nicht nur eine Person damit konfrontieren, sondern Millionen Zuschauer gleichzeitig. Das heisst auch fuer mich, dass Einschaltquoten fuer eine Serie, von einem Autor oder eines Teams, es nicht rechtfertigen, die Massen jeden Tag ohne deren Zustimmung zu belaestigen.

Dieses Verhalten ist einfach undemokratisch, weltfremd, und das mit zweitklassigen Schauspielern besetzte Soap-Team spielt teilweise nur miserabel und findet sich dabei auch noch grossartig, wenn sie als „C" Promis den Schwachsinn ihrer Autoren verbreiten duerfen. Dann wird auch noch von der einen in die andere Soap gewechselt, was den Zuschauer oft irritiert und er fuehlt sich dabei verarscht, wenn Herr oder Frau Mueller, mit dem gleichen Gesicht, nun Herr oder Frau Meier in einer voellig anderen Soapserie ist. Diese Schauspieler arbeiten an der Verbloedung der Menschen kraeftig mit und es ist ihnen auch scheiss egal, was oder wen sie spielen, die Hauptsache, sie werden beruehmt und verdienen ordentlich Kohle. Da wird nichts in Frage gestellt, kein Dialog ueberdacht, sondern sich gegenseitig beweihraeuchert, weil sie ja „so tolle Schauspieler" sind. Sie bemerken nicht einmal, dass sie nur Teil einer riessigen TV Dekadenz sind. Und damit sie bei der Stange bleiben, werden sie von den TV Medienmachern hofiert und in jede noch so triviale Talk, Koch oder Gameshow eingeladen. Das macht sie dann noch beruehmter und noch arroganter als sie es eh schon sind. Als Kroenung missbrauchen sie ihren Ruhm, um uns „Normalbuerger" ueber das

Werbefernsehen auch noch allen moeglichen Scheiss zu verkaufen. Die Werbeagenturen geben eine Unmenge an Geld aus, weil sie glauben, dass die Gesichter der Schauspieler, weil sie bekannt sind, ihnen mehr Produkte verkaufen. Was fuer eine Fehleinschaetzung ! Von morgens bis abends laeuft die Werbemaschine auf Hochthuren, Konsum, Konsum, Konsum bis zum Umfallen. Ich glaube, man kann mit einem unbekannten Gesicht viel mehr verkaufen (gerade weil sie unbekannt und neutral sind), als mit einem bekannten Soapgesicht. Ich habe lange in der Werbung als Grafiker gearbeitet und musste feststellen, alle Schauspieler, ob national oder international, werden genauso oft bewundert wie sie gehasst werden. Damit verlieren die meisten Hersteller quasi 50% aller potenziellen Kaeufer ohne es zu merken. Wenn ich einen Schauspieler nicht riechen kann, dann kaufe ich doch nicht das

Parfuem, fuer das er Reklame macht oder ?
Diese Werbevertraege bringen unseren „C"
Promis noch mehr Aufmerksamkeit und
unverdienten Ruhm und Reichtum. Eine
gefaehrliche unsoziale Spirale.
Eigentlich sollten alle „Schauspieler" (Sie
spielen zur Schau, also sie machen uns allen
was vor, sie sind eigentlich Taeuscher und
Blender), bei uns den niedrigsten Rang in der
Gesellschaft haben, wie freuher die Spieler und
Trickser auf dem Jahrmarkt und die
spitzbubigen Gaukler. Denn wir
„Normalbuerger" sind keine Taeuscher und
Blender, wir wollen ehrliche, gute Vorbilder
und es gibt wenige Verbrecher, Moerder, Diebe
und Verraeter unter uns, als es die Soaps uns
jeden Tag praesentieren. Also auf diese Art von
Unterhaltung koennen wir gerne verzichten,
denn sie hat keinen positiven Einfluss auf uns
Zuschauer.

Ja ja, jetzt hoere ich natuerlich die empoerten Produzenten,Schauspieler,Autoren und Regisseure aufschreien, wie sie sich ueber meine Gedanken das Maul zerreisen und sich beschweren. Ok, dann hat es wenigstens seine Wirkung nicht verfehlt, ha ha.
Die Gedanken sind frei !

Genau so schlimm wie diese TV Stars finde ich aber auch den Mob der in Massen in den „wohlverdienten" Urlaub fliegt z.B. nach Mallorca in ihr „Siebzehntes Bundesland", um am Ballermann groelend aus Eimern zu saufen. Dort kann der „Buerger" wenigstens einige seiner TV Stars „life" sehen und hoeren, Leute wie aus der Serie „Ich bin ein Star, holt mich hier raus", „Frauentausch", „Dschungelcamp" oder „Bauer sucht Frau" oder Schlagerfutzies und die, die es noch werden wollen. Dieses ewige kuenstliche Dauergrinsen, dieses ewige

Schnulzengejammere dieser Leute geht mir gehoerig auf den Sack. So was von gespielter Freundlchikeit und ewiger „Wir feiern duch bis Morgen frueh" oder „Ein bisschen Spass muss sein" find ich einfach nur noch zum Kotzen. Deutschland ist zu einer dekadenten Spassgesellschaft verkommen. Die Grundlage fuer diese Gesellschaft hat damals die Deutsche Hitparade gelegt. In der Regel wurden Millionen Zuschauer ueber Jahrzehnte dazu erzogen, die eintoenigen deutschen Schlager mit den schwachsinnigen banalen Texten zu beklatschen und gut zu finden.

Was ist bloss aus dem Land der Dichter und Denker geworden, aus dem Land der Musiker, Maler und Philosophen ?

Ok, es gibt Ausnahmen die diese Regel bestaetigen, ein Peter Maffay und nur wenige Saenger, konnten sich aus der Hit Parade befreien. Bei Schriftstellern gefaellt mir z.B. Stephane Hessel mit seinem Buch „Empoert Euch" oder Richard Precht mit „Die Kunst kein Egoist zu sein" den ich auch noch fuer seine elegante Rhetorik bewundere. Auch der Araber Khalil Gibran, der mit dem Buch „Der Prophet", das schon 1926 mit nur 70 Seiten Weisheit versucht hat, eine Versoehnung zwischen Christentum und Islam zu schaffen. Da moechte ich doch kurz eine kleine Stelle aus seinem Buch zitieren:

„...Eure Kinder sind nicht eure Kinder. Sie sind die Soehne und Toechter der Sehnsucht des Lebens nach sich selber. Sie kommen durch euch, aber nicht von euch, und obwohl sie mit euch sind, gehoeren sie euch doch nicht. Ihr duerft ihnen eure Liebe geben, aber nicht eure Gedanken, denn sie haben ihre eigenen Gedanken. Ihr duerft ihren Koerpern ein Haus geben, aber nicht ihren Seelen, denn ihre Seelen

wohnen im Haus von morgen, das ihr nicht besuchen koennt, nicht einmal in euren Traeumen. Ihr duerft euch bemuehen, wie sie zu sein, aber versucht nicht, sie euch aehnlich zu machen. Denn das Leben verlaeuft nicht rueckwaerts, noch verweilt es im Gestern.....“

Eine wunderbare Weisheit, die ich auch heute noch allen Eltern ans Herz legen moechte.

Meine Gedanken muss ich immer erst sortieren um so schoene Saetze zu finden und kann sie erst dann niederschreiben. In Diskussionen bin ich leider nicht so redegewandt wie die meisten Autoren oder Politiker.

Die Kehrseite dieser Medallie sind natuerlich die Humorlosen, ewig gestrigen Patrioten und Nationalisten.

Ich moechte hier nur an die hasserfuellten Faschisten erinnern, die im Jahr 2014/15/16 die Fluechtlingsunterkuenfte abgefackelt haben und auf offener Strasse rumgebruellt haben „Raus mit dem Dreck" „Wir sind das Volk" oder „Deutschland fuer die Deutschen". Damals habe ich mich geschaemt, ein Deutscher zu sein, obwohl die Mehrheit dann doch die deutsche Ehre gerettet hat und die Fluechtlinge freundlich und mit offenen Armen empfangen hat. Der Ruf nach einer Obergrenze von 200.000 Fluechtlingen jaehrlich oder ein Einwanderungsstop fuer Famillienmitglieder, die von der CSU in Bayern verlangt wird, (Die sollte mal das C (Christliche) und das S (Soziale) aus ihren Namen entfernen) ist rechtlich und christlich nicht durchfuehrbar. Da kommt z.B. eine Familie als 200.000 ste an und das 200.001 ste Kind der Familie darf nicht einreisen ? Was ist das fuer ein Unsinn ? Der Ruf nach Grenzkontrolle und Einwanderungsstopp verstoesst gegen die Menschenrechte. Oder glaubt irgendjemand, das Menschenrechte nur fuer ihn selbst gelten ? Unser Grundgesetz sagt eindeutig unter Artikel 1:

Zitat:

(1) Die Wuerde des Menschen ist unantastbar. Sie zu achten und zu schuetzen ist Verpflichtung aller staatlichen Gewalt. (2) Das deutsche Volk bekennt sich darum zu unverletzlichen und unveraeusserlichen Menschenrechten als Grundlage jeder menschlichen Gemeinschaft, des Friedens und der Gerechtigkeit in der Welt.

Und in Artikel 3:

Zitat:

„(1) Alle Menschen sind vor dem Gesetz gleich. (2) Maenner und Frauen sind gleichberechtigt. Der Staat foerdert die tatsaechliche Durchsetzung der Gleichberechtigung von Frauen und Maennern und wirkt auf die Beseitigung bestehender Nachteile hin. (3) Niemand darf wegen seines Geschlechtes, seiner Abstammung, seiner Rasse, seiner

Sprache, seiner Heimat und Herkunft, seines Glaubens, seiner religioesen oder politischen Anschauung benachteiligt oder bevorzugt werden. Niemand darf wegen seiner Behinderung benachteiligt werden".

Das nur mal so zur Erinnerung !

Ich glaube, dass viele Buerger in unserem Staat von unserem Grundgesetz gehoert haben, aber die wenigsten haben es wirklich gelesen oder interessieren sich nicht dafuer. Deswegen einige wichtige Zitate fuer die, die es nicht kennen und solche, die auf dem rechten Auge blind sind. Aus dem Kapitel 5:

Zitat:

(1) Jeder hat das Recht, seine Meinung in Wort, Schrift und Bild frei zu aeussern und zu verbreiten und sich aus allgemein zugaenglichen Quellen ungehindert zu unterrichten. Die Pressefreiheit und die Freiheit der Berichterstattung durch Rundfunk und Film

werden gewaehrleistet. Eine Zensur findet nicht statt. (2) Diese Rechte finden ihre Schranken in den Vorschriften der allgemeinen Gesetze, den gesetzlichen Bestimmungen zum Schutze der Jugend und in dem Recht der persoenlichen Ehre.

Zum Asylrecht steht in unserem Grundgesetz unter Artikel 16a: Zitat:

*(1) Politisch Verfolgte geniessen Asylrecht. (2) Auf Absatz 1 kann sich **nicht** berufen, wer aus einem Mitgliedstaat der Europaeischen Gemeinschaften oder aus einem anderen Drittstaat einreist, in dem die Anwendung des Abkommens ueber die Rechtsstellung der Fluechtlinge und der Konvention zum Schutze der Menschenrechte und Grundfreiheiten sichergestellt ist. Die Staaten ausserhalb der Europaeischen Gemeinschaften, auf die die Voraussetzungen des Satzes 1 zutreffen, werden durch Gesetz, das der Zustimmung des*

Bundesrates bedarf, bestimmt. In den Faellen des Satzes 1 koennen aufenthaltsbeendende Massnahmen unabhaengig von einem hiergegen eingelegten Rechtsbehelf vollzogen werden.

Ich persoenlich allerdings bin der Meinung, dass jeder Mensch, egal aus welchem Land er kommt und egal, ob er wegen Krieg, Hunger oder Vertreibung fliehen muss, ein Recht auf Asyl haben sollte. Besonders, wer aus einem Kriegsgebiet fluechtet, weil er und seine Familie um ihr Leben fuerchten muessen, dem muss aus humanitaerer Sicht, ohne wenn und aber, geholfen werden. Sonst koennen wir unseren Rechtsstaat, unsere Naechstenliebe und unser Geschwaetz von Menschenrechten fuer immer vergessen.

Damit verbunden sehe ich noch die Bilder des kleinen toten Jungen am Strand, der bei der

Flucht ueber das Mittelmeer dort ertrunken ist, nur weil diese Familien dem Krieg in Syrien entkommen wollten und keine Organisation der Welt hat ihnen geholfen. Schande ueber die UNO und die EU.
Man hat sie auch noch den Schlepperbanden ueberlassen, die aus der Misere dieser Menschen Profit geschlagen haben. Dabei waere es doch die Pflicht eines jeden demokratischen Staates gewesen, diesen Menschen zu helfen. Insbesondere die USA, (eine Grossmacht bis an die Zaehne bewaffnet mit Massenvernichtungswaffen) die unter falschen und erlogenen Behauptungen, der Irak sei im Besitz von Massenvernichtungswaffen, (haben denn die USA als einzigste das Recht, Massenvernichtungswaffen zu besitzen ?) in den Irak einmarschiert sind und die Grundlage fuer diese Misere gelegt hatten. Sie haetten hier humanistisch in Aktion treten muessen.

Denn nach der Zerstoerung des Iraks, dem Tod Sadams und dem Abzug der amerikanischen Truppen,haben sie dieses Land einfach sich selbst ueberlassen und damit ein riesiges politisches Vakuum hinterlassen, erst dadurch hatte der „Islamische Staat" ein leichtes Spiel.

Oder ich denke an die unverhohlene, unmenschliche Aussage des ungarischen Praesidenten Viktor Orban, die Fluechtlinge waeren kein europaeisches Problem, sondern ein deutsches Problem und dann noch einen kilometerlangen Zaun hat bauen lassen, um ja keinen Fluechtling aufnehmen zu muessen. Das ist doch nicht im Sinne einer Europaeischen Union, denn Union heisst doch Staatenverbindung und Solidaritaet, aber nicht „ich mach was ich will !". Aber die Milliarden Euro, die sie jedes Jahr von der EU bekommen, werden als solidarisch selbstverstaendlich angesehen. Wer sich dermassen gegen Union und Menschlichkeit abschottet, dem sollte man sofort den Geldhahn zudrehen. Das gleiche gilt fuer Polens neue Regierung, die sich nach den Wahlen 2015 gegen die Aufnahme von Fluechtlingen entschieden und die demokratische Entwicklung sofort gestoppt hat. Die EU kann nur ueberleben, wenn die Grundgesetze der Menschlichkeit in jedem Land respektiert werden. Leider hat sich auch das christliche Land Polen von der Menschlichkeit verabschiedet. Die neue Regierung hat die Europafahne aus ihrem Regierungsamt entfernt, Presse, Rundfunk, TV und sogar das Verfassungsgericht mit ihren eigenen Leuten besetzt und beruft sich dabei auf ihren Wahlerfolg, die absolute Mehrheit koenne jetzt auch alles bestimmen. So benimmt sich nur jemand, der die Alleinherrschaft will und alle demokratischen

Bewegungen mit Fuessen tritt. Auch ihnen wuerde ich die jaehrlichen Milliarden streichen. Dazu kommt, dass 2016 sich noch zwei andere osteuropaeische Staaten mit diesen beiden verbuendet haben. Sie nennen sich die vier „Visegrad-Staaten" bestehend aus Polen, Tschechien, Slowakien und Ungarn. Man sollte diesen Laendern klarmachen, dass nur eine Verteilung in ganz Europa, wie sie aus Bruessel gefordert wird, das Fluechtlingsproblem loessen kann. Ihre Ablehnung gegen Fluechtlinge zeigt einen unmenschlichen Rechtsschwenk innerhalb der europaeischen Union. Die EU muss hier unbedingt eine klare Linie finden und diesen abtruennigen Staaten unsere gemeinsamen Werte fuer Demokratie und Menschenrechte noch einmal vor Augen fuehren. Solidaritaet ist jetzt oberstes Gebot in Europa. **Die derzeitige Fluechtlingskriese ist nur zu meistern, wenn man die Fluechtlinge**

auf alle europaeische Staaten verteilt. Sonst sieht es sehr schlecht aus fuer die Zukunft der Europaeischen Union.

Dank der digitalen Revolution koennen heute die meisten Menschen spontane Videomitschnitte machen und diese sofort ueber das Internet uns allen zugaenglich machen. Dadurch konnte auch die ungarische Reporterin gefilmt werden, die, waehrend sie mit ihrer Videokamera die Fluechtlinge filmte, nach diesen Fluechtlingen mehrmals getreten hatte und einen Vater mit Kleinkind auf dem Arm zum Sturz brachte. Dabei hat sie einfach wie eine Hyaene weiter gefilmt und getreten. Ich war fassungslos ueber so ein Verhalten. Gott sei Dank hat dieser Vater und sein Kind von einem spanischen Fussballverein in Madrid, der diese Szene gesehen hatte, eine Stelle als Jugendtrainer bekommen und kann nun dort in

Frieden leben. Leider gibt die digitale Revolution auch dem „islamischen Staat" die Moeglichkeit seine menschenverachtenden Videos von Hinrichtungen ins Netz zu stellen. Diese terroristische Organisation erinnert mich doch sehr an das NAZI Regime, das genau wie diese, mit bestialischer Gewalt ihren fanatischen Willen durchsetzen wollten. Unter dem Motto „Und bist Du nicht willig, so brauch ich Gewalt".

Was ich in den letzten Monaten bis ins Jahr 2016 an Fremdenhass erlebt habe, ist erschreckend und sehr bedenklich. Speziell aus Sachsen und dem Ostdeutschen Raum, der ehemaligen DDR, wo ich selbst geboren wurde, dort kommen leider die meisten rechtsradikalen Uebergriffe vor. Dort wurden Wohnheime, Kasernen und Container in Brand gesteckt, nur um Fluechtlingen keinen Wohnraum zu bieten. Was fuer eine

Gastfreundschaft dort gezeigt wird, einfach beschaemend. Und dabei bruellen die nationalistischen NPD ler, AFD ler und die PEGIDA Anhaenger „Wir sind das Volk" und die feigen vermummten Mitlaeufer dieser „Demos" greifen Polizei und Fluechtlinge taetlich an. Da kann ich nur sagen:

Ihr seid NICHT das Volk !" Ihr seid eine Schande fuer Deutschland ! Ihr seid nicht einmal 0,1 % von 80 Millionen Deutschen Bevoelkerung. Ihr missbraucht den echten Schrei nach Freiheit, der damals zur Wiedervereinigung gefuehrt hat, fuer euren menschenverachtenden Fremdenhass. Wie kann man nur so einen blinden, sinnlosen Rassismus entwickeln ?

Das so viele Menschen verschiedener Herkunft in Deutschland jeden Tag geboren werden, ist ein gluecklicher Zufall, denn niemand hat das „RECHT" zu sagen, er allein sei nur Deutsch und es sei nur sein Land. Und kein Land hat das Recht zu sagen, der Planet gehoert uns, denn wir leben alle auf dieser Erde und muessen uns Lebensraum und die gleiche Luft teilen.

Nach Hitlers 2. Weltkrieg und dem unsaeglichen Unrecht und Leid, welches Deutschland ueber die ganze Welt gebracht hatte, ist es unsere verdammte Pflicht, jetzt mit gutem Beispiel voranzugehen und Fremdenhass, Religionshass und Auslaenderfeindlichkeit zurueckzulassen. Was sind denn ein paar Millionen Fluechtlinge die zu uns kommen, bei uns Zuflucht suchen und arbeiten wollen, gegen die 80 Millionen Menschen die durch das Naziregime weltweit ihr Leben lassen mussten ? Das muss man sich mal vorstellen, dass waere die gesamte deutsche Bevoelkerung von heute ! Wollen wir uns wirklich wieder schuldig machen ? Das waere schon mit „unterlassener Hilfeleistung“

der Fall. Haben wir wirklich nichts aus der Vergangenheit gelernt ?

Ausserdem sind wir alle irgendwann „Auslaender", sonst duerften wir niemals mehr in einem anderen Land Urlaub machen, reisen oder auswandern. Das muesste eigentlich speziell allen Ostdeutchen einleuchten, denn die waren ja 40 Jahre lang in ihrem Land eingesperrt und konnten nur ihre kommunistischen Bruederlaender besuchen. Trotzdem haben sie in der heutigen Zeit in Deutschland den groessten Anteil an Rechtsradikalen. Haben sie denn alles vergessen und verleugnen nun die Vergangenheit ?

Ich moechte hier aber auch ein paar Fakten loswerden, damit man mich nicht falsch versteht, denn es gibt natuerlich in jedem Land kriminelle Menschen und leider auch solche, die Demokratie und Menschenrechte missachten. Wer aber in Europa leben will und zu uns kommt, egal in welches Land er will und egal ob mit „Immigrationshintergrund" oder ohne, MUSS sich, genau wie jeder andere Buerger, an unsere Gesetze, unsere Werte und Regeln halten, die sich auf die Wuerde des Menschen, Demokrtie, Achtung, Respekt und Gleichberechtigung allen Menschen gegenueber beziehen, sonst gibt es kein Miteinander fuer uns alle. Wer dagegen verstoesst, hat auch das Recht in unserer Gesellschaft zu leben, verspielt. Da gibt es keine Ausnahmen. Jeder Leser braucht sich doch nur mal selbst die Frage zu stellen: „Wie will ich von meinen Mitmenschen behandelt werden ?" Ist doch ganz klar, jeder Mensch moechte mit Respekt und Anstand behandelt werden, also muss man es seinem Gegenueber genau so entgegenbringen.

Auch eine religioese Ueberzeugung, gleich

welcher Art, ist zweitrangig und muss sich unseren Gesetzen, unserer Auffassung vom Rechtsstaat und Menschenrechten, unterordnen. Man kann nicht immer nur erwarten, dass die anderen genau so denken und fuehlen wie die eigene Religionsgemeinschaft. Tolleranz anderen Religionen und Religionslosen gegenueber ist ein wichtiger Faktor in unserer Gesellschaft. Wir wollen eine gerechte demokratische Welt und unsere Wervorstellung ist nun mal nicht verhandelbar. Egal welche religioesen Gefuehle oder deren fanatischen Gesetze existieren, die Grundeinstellung der westlichen Werte sind fuer uns unverzichtbar und wichtiger als alle anderen Religionsgesetze dieser Welt.

2. Kapitel

Aber wie fing alles an ?

Hier ist ein kurzer Ueberblick speziell fuer alle Unbelehrbaren, Rechtsradikalen, Nationalisten, aus der Pegida, NPD und AFD. Ihr habt doch alle Kenntnis vom ersten und zweiten Weltkrieg ? Aber viele wollen die Fakten und die Wahrheit nicht hoeren oder leugnen sie bis heute. Hier ein kleiner Rueckblick.

Der erste Weltkrieg.

Nach dem Tod von Kaiser Franz Josef von Oesterreich, der 66 Jahre regiert hatte und in dieser Zeit fast 50 Jahre Frieden in Europa erhalten hatte, wurde sein Thronfolger Franz

Ferdinand und seine Frau Sophie von Hohenberg am 28. Juni 1914 von einem rechtsradikalen Patriotissten auf offener Strasse ermordet. Damit ging der Frieden, dass Kaiserreich und die Monarchie zu Ende. Die Nationalisten gewannen die Oberhand und die Folge war der erste Weltkrieg. Schon damals wurden nicht nur ein paar Tausend bei dem Scharmuetzel getoetet, nein, es waren um die 10 Millionen junge Soldaten weltweit die ihr Leben lassen mussten. Ich habe als Jugendlicher die Graeber bei Verdun besucht und die weissen Kreuze bis an den Horizont gesehen, die haben einen bleibenden Eindruck bei mir hinterlassen. Was fuer eine Verschwendung von Mensch und Material. Mit den ersten Luftschlachten, U-Booten, Kriegsschiffen, Panzern, Artillerie und sogar Giftgasattacken, war der erste weltweite Krieg 1914 – 1918 ein Fehlverhalten der Politik, der ca. 17 Millionen Menschen das Leben kostete. Ich habe als junger Musiker 1964 das Beinhaus bei Verdun besucht und mich haben die enormen Mengen an Totenschaedeln und Knochen bis heute beeindruckt. Auch die kleinen Kreuze bis an den Horizont, die fuer hunderttausende von jungen Soldaten stehen, haben sich in meiner Seele eingebrannt. Und das war erst der erste Weltkrieg.

Damals war auch ein kleiner Soldat, der es nicht einmal zum Unteroffizier gebracht hatte, als Meldegaenger im Krieg unterwegs. Er konnte nicht fuer den oesterreichischen Kaiser und sein Land in den Krieg ziehen, da diese ihn bei der Musterung als untauglich abgelehnt hatten. Er war Oesterreicher und in Braunau/Linz geboren, ging dort zur Schule und ist dort mehrmals sitzengeblieben. Er hatte auch nicht die besten Erinnerungen an sein Elternhaus, weil er oft von seinem Vater verpruegelt wurde, was er in seinem Buch nie ehrlich und offen erwaehnt hat. Ja, es war Adolf Hitler, ein von Minderwertigkeitskomplexen durchdrungenen Patrioten. Letztendlich ist er nach Muenchen gegangen und wurde dort in die Armee aufgenommen, warum auch immer, man schaute nicht so genau hin wie in Oesterreich und brauchte wohl auch Meldegaenger und Kanonenfutter fuer den Krieg. Er war ja eigentlich nur ein armer kleiner Maler und ich haette mir gewuenscht, er waere ein unbedeutender Postkartenmaler geblieben. Aber es kam anders, seit 1921 war er dann Parteifuehrer der NSDAP und galt schnell als ein grosser stuermischer Redner und Antisemit. Diese Partei galt als antidemokratisch, antirepublikanisch und antisemitisch und obwohl die NSDAP in den Wahlen 1932 ueber 2 Millionen Stimmen verloren hatte, wurde Hitler vom Reichspraesident Hindenburg im Januar 1933 zum Reichskanzler berufen. Nur die SPD stimmte damals gegen das Ermaechtigungsgesetz des Reichtags und somit verloren wir die erste deutsche Demokratie und die nationalsozialistische Partei wurde legalisiert. Danach war die NSDAP, bis Ende des zweiten Weltkrieges, die einzige zugelassene Partei und damit eine alleinherrschende, diktatorische Unrechtspartei. Hitler hatte wohl auch Angst vor den anderen Parteien, die ihm seinen Fuehrungsanspruch haetten streitig machen koennen. Ich persoenlich sehe da einen riesigen Minderwertigkeitskomplex, auch Angst vor dem Verlusst an Kontrolle ueber die Menschen, die er mit schwuelstigen Reden und hartem Gebruell ueberdecken wollte. Dazu kommt, dass er nur etwas ueber 170 Zentimeter gross war und genau wie Napoleon, Mussolini, Goebbels, Honecker, Stalin, Putin und vielen kleinwuechsigen Despoten, dieses Defizit irgendwie kompensieren wollte. Natuerlich betrifft es nicht alle kleinen Personen, vor allem kleine Frauen sind strak und selbstbewusst, das kann ich bestaetigen. Eigentlich ein Witz, diese schmaechtige, kleine, kriminelle, unsportliche, ungebildete, groessenwahnsinnige, dunkelhaarige Memme mit dunklen Augen, die voller Minderwertigkeitskomplexe steckte, wollte eine neue „Arische Rasse" nach seinen engstirnigen Ideen zuechten !? Genau das Gegenteil von ihm selbst, naemlich: mindestens 190 cm gross, blond, stark, blauaeugig, intelligent, gebildet, fast das Ebenbild des Fuehrers. Eigentlich zum Totlachen wenn es nicht so traurig waere.

Apropo „Arische Rasse", es gibt keinen einzigen Deutschen Arier! Auch die Germanen waren keine Arier und bezeichneten sich auch nicht so. Urspruenglich sind Arier jene Menschen, die eine indo-iranische Muttersprache sprachen. Das Kernland dieses Hirtenvolkes liegt zwischen Indien, Iran, Afghanistan und Pakistan und geht bis ins 2. Jahrtausend vor unserer Zeit zurueck. Das kann man in jedem Lexikon oder bei Wikipedia nachlesen. Mit dem „Ariernachweis" der Nazis von 1933 bis 1945 begann die Ausgrenzung der angeblichen „Nichtarier" also Juden, Zigeuner und Schwarze und die Aberkennung jeglicher Buergerrechte fuer diese Menschen, bis hin zum staatlich verordneten Massenmord. Ja Leute, das ist die Wahrheit und so grausam und menschenfeindlich war dieser Nationalist Adolf Hitler und seine NSDAP.

Er war auch befreundet mit dem Schriftsteller Dietrich Eckart, der wie er, ein Antisemit war und viele Hassschriften gegen Juden veroeffentlicht hatte. Man nimmt an, dass er der Ziehvater des antisemitischen Hitlers war und dem hat er auch seinen ersten Band der Schrift „Mein Kampf" gewidmet. Da hatten sich wohl zwei gesucht und gefunden, doch beide haben am Anfang einen falschen Namen benutzt, um ihre Schriften zu verbreiten. Da schien wohl noch ein Hauch von schlechtem Gewissen zu existieren oder auch Zweifel an ihren hasserfuellten Gedanken. Hitler nannte sich damals Herr Wolf, daher sicherlich auch spaeter der Name fuer sein Fuehrerhauptquartier „Die Wolfsschanze".

Er prahlte auch in seinen Reden damit, dass er ein Mann des Volkes sei und er sich als armer kleiner Plakatmaler alles vom Munde hat absparen muessen. Einer der sich von unten, mit harter Arbeit, nach oben hat kaempfen muessen. Er schwoert den Menschen, er sei ein genuegsamer, bescheidener und ehrlicher Mensch, der nur das Beste fuer sein Volk wolle. Was fuer ein listiger, hinterhaeltiger und verlogener Scheisskerl er war, kann man nun aus seinen Originalschriftstuecken bis hin zu seinen Steuererklaerungen nachlesen. Von wegen sparsam, ehrlich und bescheiden, er hat sich aus der Parteikasse bedient (geklaut) und sein Buch „Mein Kampf" wurde ein Bestseller, der auch in viele Sprachen uebersetzt wurde. Diese Hetzschrift wurde millionenfach verkauft. Ist mir heute noch ein Raetsel aber das machte ihn damals schon zum Millionaer. Er hat sich als kleiner Politiker den groessten Mercedes kaufen koennen, den sich damals nur die reichsten Fabrikanten und Unternehmer in Deutschland leisten konnten. Da war dann keine Bescheidenheit mehr zu sehen. Auch als Parteifuehrer und dann als Reichskanzler hatte er ein enormes Einkommen. Aus seiner Steuerakte geht jedoch hervor, dass er ein Steuerbetrueger war. Er hat dem Staat damals riesige Mengen an Reichsmark unterschlagen. In seiner Amtszeit hat er dann per Dekret verordnet, dass er als Reichskanzler keinerlei Steuern zu zahlen hat. Soweit seine Ehrlichkeit und Bescheidenheit dem Volk gegenueber. Selbst Patrioten und Nationalisten sollten solch ein Verhalten verurteilen.

Leider muss ich hier auch einmal etwas gegen die „Richard Wagner Spiele" in Bayreuth sagen. Wie kann man einem Mann, der sich als Antisemit und Judenhasser offen bekannt hat, heute noch sein Werk und seine Musik huldigen? Selbst die heutigen grossen Politikerund die, die sich fuer VIP´s halten, und sich in ihrer Abendrobe in Bayreuth einfinden, muessten doch wissen, welch Geistes Kind dieser Mann war, oder ? Es ist ein Hohn auf die Millionen juedischen Buerger, die ihr Leben unter unvorstellbarer Grausamkeit des Hitlerregimes lassen mussten, wenn man heute noch offiziell Wagner hofiert, bewundert und seine Auffuehrungen besucht, denn Hitler war ein grosser Verehrer Wagners und ein Freund der Wagner Familie. Schon im Jahr 1850 hatte Wagner, feige, unter einem Pseudonym „Karl Freigedank" damit wollte er es mit dem Deckmaentelchen „Freier Gedanke" rechtfertigen und tarnen, ein Pamphlet „Judentum in der Musik" als Hetzschrift gegen alle Juden veroeffentlicht. 1869 hat er es dann ueberarbeitet und unter seinem richtigen Namen nochmal veroeffentlicht. Sicherlich hatte er ueber die Jahre viele Gleichgesinnte und Zuspruch erhalten und damit seine Scheu abgelegt, sein wahres Gesicht zu zeigen. Ich ignoriere heute die schwuelstige Musik von

Tannenhaeuser,Lohengrin,Ring der Nibelungen usw. Empoert hoere ich jetzt Dirigenten,Musiker sowie Kritiker schimpfen, „Bloedsinn, man muss doch die Musik und den Mensch Wagner trennen"
NEIN muss man nicht !

Eigentlich gab es noch viele Menschen, die sich nach 1945 geschickt der Verantwortung entzogen haben. Ob das nun Ferdinand Porsche war, der auch Mitglied der NSDAP und SS-Oberfuehrer war (er bestellte fuer den Bau einer Leichtmetallgiesserei, fuer den VW Konzern, KZ-Haeftlinge bei seinem Fuehrer) oder andere Politiker unter Adenauer und anderen Bundeskanzlern. Aber auch Beamte, Schriftsteller, Kuenstler, die bis in die heutige Zeit hinein ihre Mitgliedschaft und ihre Mitverantwortung an dem Verbrecherregime vertuscht und geleugnet haben. Viele dieser

Mittaeter waren einfach zu feige, ihre Fehler einzugestehen oder sich in der Oeffentlichkeit zu entschuldigen. Im Gegenteil, sie standen in erster Linie, im Fernsehen, im Radio, in der Presse und liessen sich von den Medien beweihraeuchern und sogar mit Preisen auszeichnen.

Da ist er wieder „Mein Krampf"

1924 wurde Hitler der Prozess wegen Putschversuch gemacht und wurde zu 5 Jahren Haft verurteilt (also ein verurteilter Verbrecher). In seiner Haft, die ihm recht gemuetlich gemacht wurde, weil er dort heimliche Verehrer hatte, fing er an, seine kranken Ideen in seinem Buch „Mein Kampf" niederzuschreiben. Leider wurde er vorzeitig entlassen. Da sieht man wieder einmal, was passiert, wenn man kriminelle Menschen zu gutmuetig behandelt. Er ging zurueck zum

Obersalzberg in Bayern, wo er sich mit seinem Freund Dietrich Eckart traf und wo sich beide gegenseitig in ihrem Antisemitismus angestachelt hatten. Dort hat er dann sein Buch „Mein Kampf" vollendet. Dieses Buch hat, wie schon erwaehnt, bei mir einen seelisch-emotionalen Krampf ausgeloesst, daher mein Titel „Mein Krampf".

Wenn man sich alles vor Augen fuehrt, was fuer einen Werdegang dieser kleine kriminelle Mann hatte, dann kann man sich nur wundern, warum er es geschafft hat, Deutschland so an die Kandare zu nehmen und in die voellige Zerstoerung zu treiben. Man braucht ja nur einen kleinen Teil in seinem Buch zu lesen und jeder neutral denkende Mensch kann seine fanatischen Gedankengaenge erkennen. Es wundert mich bis heute, wie es moeglich war, dass seine brutale, rechthaberische und egoistische Einstellung zu einem solchen Erfolg fuehren konnte. Obwohl er alles recht eindeutig in seinem Buch beschrieben hat. Da hat die junge Republik damals, mit dem Reichspraesident Paul von Hindenburg, wohl richtig Misst gebaut. Der hat naemlich im Januar 1933 Adolf Hitler zum Reichskanzler ernannt.

3. Kapitel
DIE HETZSCHRIFT

DER ERSTE BAND VON Adolf Hitler „MEIN KAMPF" ORIGINALZITATE

Wenn man kurz hineinliest, dann ueberkommt einen das ungute Gefuehl, als ob der Autor den Leser mit seinen Worten langsam vergiften will, doch nach wenigen Seiten erkennt auch der einfachste Buerger, die versteckten, perfiden Gedanken, die diesem Buch zu Grunde liegen. Ich moechte hier nur einige wenige Absaetze, die mir persoenlich aufgefallen sind, wiedergeben und aus der ungekuerzten Originalausgabe, einige seiner Ideen zitieren und meine persoenliche Meinung dazu wiedergeben.

Schon in seinem **„Vorwort"** kann er seine antisemitischen Gedanken nicht verstecken, eine juedische Presse, die angeblich ueble Legenden ueber seine Person verbreitet hat.

Dabei nennt er keinen Beweis und kein einziges Beispiel.

Zitat aus dem Buch:

„Ich hatte dabei auch die Gelegenheit, eine Darstellung meines eigenen Werdens zu geben, soweit dies zum Verstaendnis sowohl des ersten als auch des zweiten Bandes noetig ist und zur Zerstoerung der von der juedischen Presse betriebenen ueblen Legendenbildung ueber meine Person dienen kann.“

Zitat Ende.

Oder an anderer Stelle, Zitat:

„Ich weiss, dass man Menschen weniger durch das geschriebene Wort als vielmehr durch das gesprochene zu gwinnen vermag, dass jede grosse Bewegung auf dieser Erde ihr Wachsen den grossen Rednern und nicht den grossen Schreibern verdankt.“ Zitat Ende.

Ich bin da anderer Meinung, genau das Gegenteil ist der Fall. Worte sind wie Schall und Rauch, sie vergehen in Windeseile, wenn man sie nicht niederschreibt. Wachsen kann nur ein geschriebenes Wort und was er „Bewegung" nennt, war schlechthin die Partei NSDAP und seine Schlaeger.

Aus seinem ersten Kapitel: „Im Elternhaus"
Zitat:

„Deutschoesterreich muss wieder zurueck zum grossen deutschen Mutterlande.........Gleiches Blut gehoert in ein gemeinsames Reich..........Der Pflug ist dann das Schwert, und aus Traenen des Krieges erwaechst fuer die Nachwelt das taegliche Brot."
Niemand „muss" zurueck zum grossen Mutterlande und sein „gleiches Blut" Geschwaetz zeigt nur sein nationalistisches und rassistisches Gedankengut. Auch bei „Der Pflug

ist dann das Schwert" liegt er voellig daneben. Das Gegenteil ist auch hier der Fall. In der Bibel steht beim Prophet Micha „Sie werden ihre Schwerter zu Pflugscharen und ihre Spiesse zu Sicheln machen", das sollte das Ziel des Voelkerfriedens und der Abruestung auf der ganzen Welt sein. Da hat er wohl dieses Teilzitat falsch verstanden.

Ich muss hier gestehen, dass ich dieses Buch nie lesen wollte, weil ich in meiner Schulzeit einiges ueber Hitler gehoert und gesehen hatte und durch die furchtbaren Greultaten ganz selbstverstaendlich eine Antipathie entwickelte. Fuer die Idee „Mein Krampf" musste ich leider einiges davon lesen und es hat mich in meiner Antipathie bestaetigt. Je mehr ich davon gelesen hatte, je mehr hat es mich als deutscher Staatsbuerger deprimiert und beschaemt. Es hat auch meine seelische Stimmung heruntergezogen. Deswegen moechte ich auch nur wenige seiner fanatischen Ideen zitieren.

Aus dem zweiten Kapitel: „Wiener Lehr-und Leidensjahre"

Zitat:

„Linz besass nur wenige Juden. Im Laufe der Jahrhunderte hatte sich ihr Aeusseres europaeisiert und war menschlich geworden, ja, ich hielt sie sogar fuer Deutsche". Oder noch schlimmer,

Zitat:

„Gab es da einen Unrat, eine Schamlosigkeit in irgendeiner Form, vor allem des kulturellen Lebens, an der nicht wenigstens ein Jude beteiligt gewesen waere ? Sowie man nur vorsichtig in eine solche Geschwulst hineinschnitt, fand man, wie die Made im faulenden Leibe, oft ganz geblendet vom

ploetzlichen Lichte, ein Juedlein.“

So eine infame Hetze gegen unsere juedischen Mitbuerger ist einfach ekelerregend und haette damals schon fuer alle Menschen eine Warnung sein muessen.

Oder etwas weiter:

Zitat:

„Dabei bedenke man noch die Unbegrenztheit ihrer Zahl, man bedenke, das auf einen Goethe die Natur immer noch zehntausend solcher Schmierer der Mitwelt in den Pelz setzt, die nun als Bazillentraeger schlimmster Art die Seelen vergiften.“

Was soll ich noch dazu sagen ? So etwas von blindem Hass und Boshaftigkeit niederzuschreiben und pauschal alle Menschen einer Religion zu verteufeln, ist einfach niedertraechtig und offenbart seinen waren Charakter. Er beschreibt etwas weiter, die Juden seien Fuehrer der Sozialdemokratie und der sozialdemokratischen Presse. Ok, da bin ich dabei, demokratisch und sozial bin ich auch, da haette er mich wohl auch als Bazillentraeger schlimmster Art ermorden lassen.

Er gibt noch gegen Ende des zweiten Kapitels ganz offen zu, er waere vom schwaechlichen Weltbuerger zum fanatischen Antisemiten geworden, was fuer ein krankes Hirn. Es hat mich doch grosse Ueberwindung gekostet, weiter in seinem „Werk" zu lesen, denn sein Hass gegen Juden ist einfach unertraeglich. Ich muss dazu noch sagen, ich bin als Protestant aufgewachsen, kenne nur wenige Juden und bin spaeter aus der Kirche ausgetreten, ich betrachte mich als neutralen und weltoffenen Menschen, ohne Vorurteile und wuerde mir wuenschen, dass die ganze Welt in Frieden leben kann. Leider ist es ein Illusion, denn die Realitaet sieht bis heute anders aus.

Aus Kapitel drei: „Allgemeine politische Betrachtung aus meiner Wiener Zeit"

In Kapitel drei geht mir sein seitenlanges Gesuelze ueber seine Belesenheit und sein politisches Wissen gehoerig auf den Geist. Er verhoent das Parlament und nennt die Demokratie die „Weltpesst". Er sieht sich selbst als sehr intelligenten politischen Fuehrer, denn die normalen Buerger sind alle dumm und die parlamentarische Majoritaetsbestimmung wuerde die Autoritaet der einzelnen Person ablehnen.

Na klar, ist ja auch im Sinne der Majoritaet das man die Autoritaet einzelner ablehnt. Da erkennt man schon sehr frueh, dass er glaubt, er habe die Weisheit mit dem Loeffel gefressen. Er wollte alles selbst durchsetzen ohne Ruecksicht auf Verlusste und nur sein Wille und seine Ueberzeugung sei die einzig richtige, also autoritaer, fanatisch und diktatorisch.

Dazu ein Zitat:

„Dem steht gegenueber die wahrhaftige germanische Demokratie der freien Wahl des Fuehrers .... In ihr gibt es keine Abstimmung einer Majoritaet zu einzelnen Fragen, sondern nur die Bestimmung eines einzigen.“

Hier versucht er eindeutig die Demokratie ins Gegenteil zu verdrehen, um „die freie Wahl" eines einzigen Fuehrers mit demokratischen Mitteln zu legalisieren. Was fuer ein hinterhaeltiger Gedanke, er hat wirklich gedacht, der Normalbuerger ist dumm. Dann kommt wieder so eine perfide Heuchelei indem er schreibt: Zitat:

„Dem politischen Fuehrer haben religioese Lehren und Einrichtungen seines Volkes immer unantastbar zu sein, sonst darf er nicht Politiker sein, sondern soll Reformator werden, wenn er

das Zeug hierzu besitzt!"

Er hat weder religioese Lehren noch Einrichtungen als unantastbar gesehen, im Gegenteil er hat sie aufs brutalste zerstoert. Dann kommen noch ein paar schwuelstige Gefuehlsausbrueche, die ich nur seiner gespaltenen Persoenlichkeit zuordnen kann.

Zitat:

„Nur wer selber am eigenen Leib fuehlt, was es heisst, Deutscher zu sein, ohne dem lieben Vaterland angehoeren zu duerfen, vermag die tiefe Sehnsucht zu ermessen, die zu allen Zeiten im Herz der vom Mutterlande getrennten Kinder brennt."

Was fuer eine uebertriebene Gefuehlsduselei die er als eiskalter Massenmoerder im Geiste, an den Tag legt.

Aus seinem vierten Kapitel: „Muenchen"

Zitat:

„In der Groesse des Wohnsitzes eines Volkes liegt allein schon ein wesentlicher Faktor zur Bestimmung seiner aeusseren Sicherheit. Je groesser die Raummenge ist, die einem Volk zur Verfuegung steht, um so groesser ist auch dessen natuerlicher Schutz, denn noch immer liessen sich militaerische Entscheidungen gegen Voelker auf kleiner zusammengepresster Bodenflaeche in schnellerer und damit aber auch leichterer und in besonders wirksamerer und vollstaendigerer Weise erziehlen, wie dies umgekehrt gegen territorial umfangreiche Staaten moeglich sein kann. In der Groesse des Staatsgebietes liegt damit immer noch ein gewisser Schutz gegen leichtfertige Angriffe, da ein Erfolg dabei nur nach langem , schweren Kaempfen zu erzielen ist,...“

Ja, dass haette er sich mal vor dem Russlandfeldzug ueberlegen sollen, wo er genau wie Napoleon, vor der Groesse des

Staatsgebietes kapitulieren musste. Er glaubte wirklich, dass kleine Laender (zusammengepresste Bodenflaechen) leichter militaerisch zu besiegen sind und nur grosse Staatsgebiete einen gewissen Schutz vor leichtfertigen Angriffen bieted. Was fuer eine kranke Idee in diesem Hirn vor sich gegangen ist, ein Land mit Gewalt rauben, um dann selbst zu gross zu sein, um von anderen nicht so leicht besiegbar zu sein. Hat er deshalb kleine Laender angegriffen (ueberfallen), um sich ein grosses Staatsgebiet unrechtsmaessig anzueignen ? Was soll ueberhaupt der ganze Eroberungswahn ? Konnte und wollte er nicht mit seinen Nachbarn in Harmonie und Frieden Leben ?

Und weiter in seinem vierten Kapitel:

Zitat:

„Wenn diese Erde wirklich fuer alle Raum zum Leben hat, dann moege man uns also den uns

zum Leben notwendigen Boden geben. Man wird das freilich nicht gerne tun. Dann jedoch tritt das Recht der Selbsterhaltung in seine Wirkung, und was der Guete verweigert wird, hat eben die Faust sich zu nehmen. Haetten unsere Vorfahren einst ihre Entscheidungen von dem gleichen pazifistischen Unsinn abhaengig gemacht wie die heutige Gegenwart, dann wuerden wir ueberhaupt nur ein Drittel unseres jetzigen Bodens zu eigen besitzen,...“

Da schreibt er erst, „wenn die Erde fuer „alle“ Raum zum Leben hat,“ und gleich danach soll man „ihm“ den notwendigen Boden einfach so geben. Er haette doch wissen muessen, dass die Erde verschiedene Klimazonen hat, wo nicht jeder ueberleben kann. Man haette ihm ruhig die Sahara geben koennen, das ist doch eine grosse Bodenflaeche, die ist 26 mal so gross wie Deutschland. Aber er schiebt das Recht auf Selbsterhaltung vor, um seine Plaene der Gewalt zu rechtfertigen, unter dem Motto „und bist du nicht willig, so brauch ich Gewalt" und Pazifismus ist in seinen Augen „Unsinn".

Was soll ich dazu noch sagen ? Der hatte doch voellig den Verstand verloren.

Und hier wieder seine Hetze gegen das juedische Volk:

Zitat:

„Voelker, die sich als Drohnen in die uebrige Menschheit einzuschleichen vermoegen, um diese unter allerlei Vorwaenden fuer sich schaffen zu lassen, koennen selbst ohne jeden eigenen, bestimmt begrenzten Lebensraum Staaten bilden. Dies trifft in erster Linie zu bei dem Volk, unter dessen Parasitentum besonders heute die ganze ehrliche Menschheit zu leiden hat: das Judentum."

Sorry, aber so ein pauschaler Hass auf ein Volk muss ihm wohl jedes Mitgefuehl genommen

und sein krankes Hirn total vernebelt haben.
Ja, da ist er wieder „Mein Krampf" !

Aus seinem fuenften Kapitel: „Der Weltkrieg"
Zitat:

„In der ewig gleichmaessigen Anwendung der Gewalt allein liegt die allererste Voraussetzung zum Erfolg. Diese Beharrlichkeit jedoch ist immer nur das Ergebnis einer bestimmten geistigen Ueberzeugung. Jede Gewalt, die nicht einer festen geistigen Grundlage entsprisst, wird schwanken und unsicher sein. Ihr fehlt die Stabilitaet, die nur in einer fanatischen Weltanschauung zu ruhen vermag."

Ja, da zeigt er doch wieder sein wahres Gesicht, eine „ewig gleichmaessige Anwendung von Gewalt.....die nur in einer fanatischen Weltanschauung zu ruhen vermag". Das ist doch eindeutig und das perfide an seinem Buch ist er versucht ueber viele Seiten die Leser eindringlich von seiner „Weltanschauung" zu ueberzeugen. Da gibt es keinen Konsens, keinen Einspruch den er zulassen wuerde, sondern er geht sehr direkt polemisch vor, indem er seine Ideen in literarische Techniken verpackt und sie kuehl, mutig und strategisch erscheinen laesst. Das gelingt ihm aber nur bedingt, denn intelligente Menschen durchschauen seine hinterhaeltigen Gedanken sofort. Ich muss gestehen, dass ich einige seiner Seiten uebersprungen habe, weil mir von seiner penetranten Ueberheblichkeit einfach schlecht geworden ist.

Aus seinem sechsten Kapitel: „Kriegspropaganda"

Hier geht es zum groessten Teil um Kriegspropaganda und dass die grosse dumme Masse auf Kurs gebracht werden muss.
Hier ein Zitat:

„Die Aufgabe der Propaganda ist z.B. nicht ein Abwaegen der verschiedenen Rechte, sondern das ausschliessliche Betonen der einen eben durch sie zu vertretenden. Sie hat nicht objektiv auch die Wahrheit , soweit sie den anderen guenstig ist, zu erforschen, um sie dann der Masse in doktrinaerer Aufrichtigkeit vorzusetzen, sondern ununterbrochen der eigenen zu dienen. Es war grundfalsch, die Schuld am Kriege von dem Standpunkt aus zu eroertern, dass nicht nur Deutschland allein verantwortlich gemacht werden koennte fuer den Ausbruch dieser Katastrophe, sondern es waere richtig gewesen, die Schuld restlos dem Gegner aufzubuerden, selbst wenn dies wirklich nicht so dem wahren Hergang entsprochen haette, wie es doch nun tatsaechlich der Fall war.“

Auch hier bringt er ganz deutlich seine

unredlichen Gedanken zu Tage, in denen er der Propaganda verbietet, die Wahrheit zu sagen.

Aus seinem siebten Kapitel: „Die Revolution"

In diesem Kapitel beschreibt er, wie er am 7. Oktober 1916 verwundet und dort mit einem Transportzug nach Deutschland gebracht wurde. Er beschreibt, was fuer Heimatgefuehle in ihm aufkamen, als er an Bruessel, Loewen und Luettich vorbei in Richtug Deutschland wieder zurueck in die Heimat kam. Die ersten deutschen Fachwerkhaeuser zu sehen und den Heimatboden wieder zu erreichen erzeugten eine emotionale Reaktion in ihm. Aber das er Belgien zwei Jahre zuvor mit seinen Kameraden, ueberfallen hatte, kam ihm nicht in den Sinn. Es geht ihm nur egoistisch um sein Heimatgefuehl, sein Deutschland und er konnte es sich nicht vorstellen, dass die belgischen Soldaten nur ihre Heimat, ihr Belgien verteidigt hatten. Dieser erste Weltkrieg hat ihn nichts gelehrt, die vielen toten Soldaten haben ihn nicht zum nachdenken gebracht. Im Gegenteil, die Niederlage hat in ihm den Wunsch nach Rache ausgeloesst. Als er aus dem Lazarett entlassen und dem Ersatzbatallion zugeteilt wurde, hatte sich in Berlin alles veraendert. Und sofort fand er fuer die negativen Veraenderungen einen Schuldigen.

Ziatat:

„Noch schlimmer lagen die Dinge bei der Wirtschaft. Hier war das juedische Volk tatsaechlich „unabkoemmlich" geworden. Die Spinne begann, dem Volke langsam das Blut aus den Poren zu saugen. Auf dem Umwege ueber die Kriegsgesellschaft hatte man das

Instrument gefunden, um der nationalen und freien Wirtschaft nach und nach den Garaus zu machen."

Sein blinder antisemitischer Hass, kennt auch hier wieder keine Grenzen. Mich wundert manchmal, dass es ihm nicht selbst aufgefallen ist, dass er staendig und viel zu oft seinem Hass freien Lauf gelassen hat. Da zeigt er doch sein wares Gesicht. Das musste doch die meisten Menschen abschrecken und anwidern. Leider war dem nicht so, wie wir alle wissen.

Aus dem achten Kapitel: „Beginn meiner politischen Taetigkeit"

Er schreibt da, durch nichts sachlich begruendet, in ellenlangen und langweiligen Saetzen, ueber die grosse Masse der dummen Politiker, ueber Spiessbuerger und Programmatiker und das internatinale

Boersenkapital, der groesste Hetzer des Krieges gewesen sei. Es waere der Beginn seiner politischen Taetigkeit gewesen und er konnte endlich „reden" zu seinen Gleichgesinnten. Die unterstuetzten ihn nach Kraeften und „bestimmten" ihn als Bildungsoffizier. Da muss man sich schon fragen, was fuer eine Bildung ? Zitat:

„Ich meldete mich eines Tages zur Aussprache. Einer der Teilnehmer glaubte, fuer die Juden eine Lanze brechen zu muessen und begann sie in laengeren Ausfuehrungen zu verteidigen. Dies reizte mich zu einer Entgegnung. Die weitaus ueberwiegende Anzahl der anwesenden Kursteilnehmer stellte sich auf meinen Standpunkt. Das Ergebnis aber war, dass ich wenige Tage spaeter dazu bestimmt wurde, zu einem damaligen Muenchner Regiment als sogenannter „Bildungsoffizier" einzuruecken."

Ja, da hat er wohl einige Gleichgesinnte gefunden. Das Schreckliche dabei ist, man hat ihn dabei in seiner Annahme bestaetigt, er sei der gebildete, alles wissende Politiker. Diese kritiklose Zustimmung seiner Parteifreunde, machen auch heute noch die Politiker der meisten rechten Parteien zu uneinsichtigen und arroganten Besserwissern.

Aus dem neunten Kapitel: „Die Deutsche Arbeiterpartei"

Dieses Kapitel ist sehr kurz und behandelt lediglich seinen Besuch bei der Deutschen Arbeiterpartei in Muenchen. Dort hat er sich in einem Gasthof mit den wenigen Mitgliedern getroffen und ist spaeter als siebtes Mitglied aufgenommen worden.

Aus dem zehnten Kapitel: „Ursachen des Zusammenbruchs"

Erster Satz aus Kapitel zehn.

Zitat:

„Die Tiefe des Falls irgendeines Koerpers ist immer das Mass der Entfernung seiner augenblicklichen Lage von der urspruenglich eingenommenen.“

Ein genialer Gedanke, oder ? Hoert sich so schwachsinnig an wie: „Das Weiss irgendeines Weisses ist immer ein Weiss seines augenblicklichen Weisses von dem urspruenglichen Weiss.“ Damit wollte er seine hochgradige Intelligenz unter Beweis stellen und erreicht das Gegenteil. Er erzaehlt in Kapitel zehn ueber die Gruende des verlorenen 1. Weltkrieges. Schuld waeren Aktiengesellschaften, die marxistische Luegenpresse, (erinnert an die Pegida heute) Verraeter des Nationalismus, demokratische Zeitungen, Prostitution und Syphilis und natuerlich die geschaeftstuechtigen Juden.

Seitenlange Ursachenforschung, die zu nichts fuehrt und Null Kritik oder Einsicht in eigener Sache fuehren zu folgenden Saetzen.

Zitat:

"Es gehoert aber die ganze bodenlose Verlogenheit des Judentums und seiner marxistischen Kampforganisation dazu, die Schuld am Zusammenbruch gerade dem Manne aufzubuerden, der als einziger mit uebermenschlicher Willens und Tatkraft versuchte, die von ihm vorausgesehene Katastrophe zu verhueten.......Ludendorff"

Oder auch hier:

Zitat:

„Die Taetigkeit der sogenannten liberalen Presse war Totengraeberarbeit am deutschen Volk und Deutschen Reich. Von den marxistischen Luegenblaettern kann man dabei ueberhaupt schweigen; ihnen ist das Luegen genau so Lebensnotwendigkeit wie der Katze

das Mausen; ist doch ihre Aufgabe nur, dem Volke das voelkische und nationale Rueckgrat zu brechen, um es so reif zu machen fuer das Sklavenjoch des internationalen Kapitals und seiner Herren, der Juden."
Und hier ueber Prostitution.

Zitat:

„Die Prostitution ist eine Schmach der Menschheit, allein man kann sie nicht beseitigen durch moralische Vorlesungen, frommes Wollens uzw., sondern ihre Einschraenkung und ihr endlicher Abbau setzen eine Unzahl von Vorbedingungen voraus. Die erste aber ist und bleibt die Schaffung der Moeglichkeit einer der menschlichen Natur entsprechenden fruehzeitigen Heirat vor allem des Mannes, denn die Frau ist ja hier ohnehin nur der passive Teil."
Und ueber die Ehe.

Zitat:

„Auch die Ehe kann nicht Selbstzweck sein, sondern muss dem einen groesseren Ziele, der Vermehrung und Erhaltung der Art und Rasse, dienen. Nur das ist ihr Sinn und ihre Aufgabe."
Fuer mich ist der Sinn und die Aufgabe der Ehe Selbstzweck und Liebe. Niemand hat da anderen Menschen etwas vorzuschreiben, schon gar nicht zur Erhaltung der Art und Rasse. Dann waren wohl meine 45 Jahre Ehe sinnlos, denn ich habe mich nicht vermehrt, weil kinderlos.

Und schon geht es boese weiter:

Zitat:

„Waehrend das Judentum durch seine marxistische und demokratische Presse die Luege vom deutschen „Militarismus" in die ganze Welt hinausrief und Deutschland so mit allen Mitteln zu belasten trachtet, verweigerten marxistische und demokratische Parteien jede

umfassende Ausbildung der deutschen Volkskraft."

Kurz danach nennt er die Parlamentarier „Zuhaelter" und bedauert die „Halbheit und Schwaeche der gesamten Volkskraft" zur Verteidigung des Vaterlandes. Alle Demokraten, alle Laender und vor allem alle Juden, haben Schuld am verlorenen Krieg, nur Nationalisten und Deutschland selbst nicht. Zitat:

„....ausgehend von dem Musterforbild aller Verantwortungslosigkeit, dem Parlament; es erzog weiter zum persoenlichen Mut in einem Zeitalter, da die Feigheit zu einer grassierenden Krankheit zu werden drohte und die Opferwilligkeit, sich fuer das allgemeine Wohl einzusetzen, schon fast als Dummheit angesehen wurde, und klug nur mehr derjenige zu sein schien, der das eigene „Ich" am besten zu schonen und zu foerdern verstand; es war die

Schule, die den einzelnen Deutschen noch lehrte, das Heil der Nation nicht in den verlogenen Phrasen einer internationalen Verbruederung zwischen Negern,Deutschen,Chinesen,Franzosen,Englaendern usw. zu suchen, sondern in der Kraft und Geschlossenheit des eigenen Volkstums.“
Da faellt mir nichts mehr ein. Mehr Auslaenderfeindlichkeit und fanatischer, nationaler Pathos geht einfach nicht.

Aus dem elften Kapitel: „Volk und Rasse“

Hier beginnt er sich zu aeussern, als waere er der groesste Denker seiner Zeit und wuesste mehr als alle Naturwissenschaftler.
Zitat:
„Es liegen die Eier des Kolumbus zu Hunderttausenden herum, nur die Kolumbusse sind eben seltener zu finden.“
Meine Guete, ist das nicht grossartig, er ist der

Superschlaue, der das Ei des Kolumbus gefunden hat. Aber es geht noch besser.

Zitat:

„Jedes Tier paart sich nur mit einem Genossen der gleichen Art. Meise geht zu Meise, Fink zu Fink, der Storch zur Stoerchin, Feldmaus zu Feldmaus, Hausmaus zu Hausmaus, der Wolf zur Woelfin usw."

Eine brilliante Weisheit, oder ? Und er legt sogar noch einen drauf.

Zitat:

„Der Fuchs ist immer ein Fuchs, die Gans eine Gans, der Tiger ein Tiger usw., und der Unterschied kann hoechstens im verschiedenen Masse der Kraft, der Staerke, der Klugheit, Gewandtheit, Ausdauer usw. der einzelnen Exemplare liegen.Es wird aber nie ein Fuchs zu finden sein, der seiner inneren Gesinnung nach etwa humane Anwandlungen Gaensen gegenueber haben koennte, wie es ebenso auch

keine Katze gibt mit freundlicher Zuneigung zu Maeusen."

Einfach eine geniale Kombinationsgabe, die er da offen legt, oder? Damit haette er sicher eine Professur in Tierkunde hingelegt. Danach kommen noch sehr viele seiner fanatischen Rassenwahnvostellungen, in denen er versucht, die Leser von seinen einseitigen, sturen und falschen Vorstellungen zu ueberzeugen. Er schreibt da, dass jede Vermischung von Rassen nur Bastarde hervorbringt und diese nur dumm und minderwertig seien. Das gilt bei ihm fuer Mensch und Tier und er fuegt dazu viele Beispiele an, die alle aus der Luft gegriffen sind. Er hat wohl vergessen, dass es in der Evolution immer wieder zu Kreuzungen gekommen ist. Da moechte ich kurz anfuegen, ich hatte mehrere Mischlingshunde in meinem Leben, die waren alle intelligent und ich haette sie gegen keinen Rassehund getauscht. Ich hatte auch viele Katzen und es gab manche, die hatten Zuneigung zu allen moeglichen Kleintieren. Das Internet ist voll von wunderschoenen Beispielen. Was die Menschen betrifft, kann ich nur sagen, die Mischlinge, die ich kennengelernt habe, waren ueberdurchschnittlich intelligent und auch noch koerperlich aussergewoehnlich schoen. Also die Realitaet hat mich in meinem Leben etwas anderes gelehrt, als seine Wahnvorstellungen. Aber Adolfs krankes Hirn sagt dazu:

Zitat:

„Der rassisch rein und unvermischt gebliebene Germane des amerikanischen Kontinents ist zum Herrn desselben aufgestiegen, er wird der Herr so lange bleiben, so lange nicht auch er der Blutschande zum Opfer faellt. Das Ergebniss der Rassenkreuzung ist also, ganz kurz gesagt, immer folgendes: a) Niedersenkung des Niveaus der hoeheren Rasse, b) koerperlicher und

geistiger Rueckgang und damit der Beginn eines, wenn auch langsam, so doch sicher fortschreitenden Siechtums."

Tatsache ist, den unvermischt gebliebenen „Germanen" gibt es nicht und gab es nie. Der roemische Historiker Tacitus schrieb zu seiner Zeit ueber die Volksgruppen und Staemme im besetzten Europa und nannte es **„Germania".** Dazu zaehlten viele nordeuropaeische Staemme wie: Batavier, Angrivarier, Cherusker, Langobarden, Lemovier, Gotonen, Jueten, Vandalen, Lemovier, Markomannen, Hermunduren usw. Aus ihnen enstanden spaeter die Europaeischen Laender wie England, Deutschland, Norwegen, Schweden, Daenemark, Polen, Tschechen, Slowaken, Ungarn, Rumaenien usw. Und dann brabbelt er seitenlang ueber die besseren Rassen, die gewaltige wissenschaflich-technische Arbeit leisten in Europa und Amerika, also alles

„arische" Voelker sind. (Er hatte halt keine blassen Schimmer und keine Ahnug von „Ariern") Er schreibt ueber das Herrenvolk mit hellerem Hautton, die germanischen Arier, die allen anderen Voelkern in allen Belangen ueberlegen sind. Was fuer ein Schwachsinn ! Deswegen konnte er auch nicht verstehen und hat sich wohl auch so sehr geaergert, als Jesse Owens 1936 bei den Olympischen Spielen in Berlin VIER Goldmedallien gewann. Wie konnte es einem „Nichtarier" und noch dazu einem „Schwarzen" gelingen, besser zu sein als alle seiner unfehlbaren germanischen Arier ?

Und noch ein Zitat ueber moderne Pazifisten, die vom Frieden traeumen:

Zitat:

„So musste der Arier den Weg schreiten, den ihm die Wirklichkeit wies, und nicht den, von dem die Phantasie eines modernen Pazifisten traeumt."

Damit meint er den Weg der brutalen Gewalt, des Krieges, der Verfolgung und des Voelkermordes. Ich muss ganz ehrlich sagen, dass es mich immer wieder Ueberwindung gekostet hat, in diesem „Bestseller" weiter zu lesen. Jede einzelne Seite war voll von Ueberheblichkeit, Selbstueberschaetzung, Eigenlob, Besserwisserei, Halbwissen, eigensinniger Hetze und immer wieder mit unerbitterlichem Hass gegen die Menschen der juedischen Religion. Ich war oft kurz davor, die ganze Idee meines Buches zu stoppen und es in die Muelltonne zu werfen, aber dann musste ich an die vielen Menschen denken, die unter diesem Tyrann und seinen Schergen bis heute leiden mussten. Fuer diese Menschen habe ich das Buch weitergeschrieben. Ich wolllte wenigsten fuer meine Person, obwohl ich erst nach dem schrecklichen Krieg geboren wurde, den Ueberlebenden mein Mitgefuehl zuteil werden lassen und mich als deutscher Buerger fuer die Greultaten entschuldigen die dieser Wahnsinnige angerichtet hat. Es tut mir sehr leid, wenn einige Naziverbrecher bis heute nicht verurteilt werden konnten. Auch wenn diese jetzt ein hohes Alter erreicht haben, Mord verjaehrt nicht.

Leider kann man die vielen Millionen ermordeten Menschen nicht wieder gut machen und das wird wohl auch eine sehr lange Zeit unser schweres Erbe bleiben.

Und hier geht es gleich weiter:

Zitat:

„Den gewaltigsten Gegensatz zum Arier bildet der Jude. Bei kaum einem Volke der Welt ist der Selbsterhaltungstrieb staerker entwickelt als beim sogenannten auserwaehlten. Als bester Beweis hierfuer darf die einfache Tatsache des Bestehens dieser Rasse allein schon gelten. Wo ist das Volk, das in den letzten zweitausend Jahren so wenigen Veraenderungen der inneren Veranlagung, des Charakters usw. ausgesetzt gewesen waere als das juedische ? Welches Volk endlich hat groessere Umwaelzungen mitgemacht als dieses – und ist dennoch immer als dasselbe aus den gewaltigsten Katastrophen der Menschheit hervorgegangen ? Welch ein unendlich zaeher Wille zum Leben, zur Erhaltung der Art spricht aus dieser Tatsache !

Ja, da hat er ausnahmsweise mal recht, sie haben einen wunderbaren und zaehen Willen zum Leben.

Aber dann geht es gleich wieder boese weiter: Zitat:

„Das Judentum war immer ein Volk mit bestimmten rassischen Eigenarten und niemals eine Religion, nur sein Fortkommen liess es schon fruehzeitig nach einem Mittel suchen, dass die unangenehme Aufmerksamkeit in

bezug auf seine Angehoerigen zu zerstreuen vermochte."

Und weiter:

„Auf dieser ersten und groessten Luege, das Judentum sei nicht eine Rasse, sondern eine Religion, bauen sich dann in zwangslaeufiger Folge immer weitere Luegen auf."

So geht es Seite fuer Seite weiter, in krankhaft fanatischer Weise werden hier alle juedischen Menschen deformiert und beleidigt. Noch ein aussergewoehnlich infames Beispiel:

Zitat:

„Der schwarzhaarige Judenjunge lauert stundenlang, satanische Freude in seinem Gesicht, auf das ahnungslose Maedchen, das er mit seinem Blute schaendet und damit seinem, des Maedchens, Volke raubt. Mit allen Mitteln versucht er die rassischen Grundlagen des zu unterjochenden Volkes zu verderben. So wie er selber planmaessig Frauen und Maedchen

verdirbt, so schreckt er auch nicht davor zurueck, selbst im groesseren Umfange die Blutschranken fuer andere einzureissen. Juden waren und sind es, die den Neger an den Rhein bringen, immer mit dem gleichen Hintergedanken und klaren Ziele, durch die dadurch zwangslaeufig eintretende Bastardierung die ihnen verhasste weisse Rasse zu zerstoeren, von ihrer kulturellen und politischen Hoehe zu stuerzen und selber zu ihren Herren aufzusteigen."

Das haut dem Fass den Boden aus. Der Gipfel der Boshaftigkeit, da wird suggeriert, das ein schwarzhaariger Judenjunge, stundenlang mit satanischer Freude im Gesicht, ahnungslosen Maedchen auflauert und sie mit seinem Blut schaendet. Was fuer eine hinterhaeltiger, perverser Gedanke in diesem kriminellen Hirn entstanden ist, kann man da nur ahnen. Und alles um seine Anhaenger von seinem abartigen

Gedanken ueber Rassentrennung und Judenhass zu ueberzeugen. Einfach ekelhaft.

Nun zum letzten, dem 12. Kapitel des ersten Bandes:
„Die erste Entwicklungszeit der Nationalsozialistischen Deutschen Arbeiterpartei"

Hier geht es in erster Linie um die Entwicklung der Deutschen Arbeiterpartei, die er auf vielen Seiten seine „neue Bewegung" nennt und aus der sich eine Reihe von Forderungen ergeben, die er von der 1. bis zur 14. Forderung ausfuehrlich behandelt.
Unter anderem;
Zitat:
„9. Die junge Bewegung ist ihrem Wesen und

ihrer inneren Organisation nach antiparlamentarisch, d.h. sie lehnt im allgemeinen wie in ihrem eigenen inneren Aufbau ein Prinzip der Majoritaetsbestimmung ab, in dem der Fuehrer nur zum Vollstrecker des Willens und der Meinung anderer degradiert wird."

Das heisst also, dass seine Partei (die junge Bewegung) die parlamentarische Demokratie ablehnt, weil ja sonst der „Fuehrer" nur zum Vollstrecker „anderer" also der Mehrheit degradiert wuerde. So denkt nur ein fanatischer Diktator.

Zitat:

„12. Die Zukunft einer Bewegung wird bedingt durch den Fanatismus, ja die Unduldsamkeit, mit der ihre Anhaenger sie als die allein richtige vertreten und anderen Gebilden aehnlicher Art gegenueber durchsetzen."

Auch da ist der Groessenwahn schon zu

erkennen. Oder in der 13. Forderung.

Zitat:

„Wer in den juedischen Zeitungen nicht bekaempft, also verleumdet und verlaestert wird, ist kein anstaendiger Deutscher und kein wahrer Nationalsozialist. Der beste Gradmesser fuer den Wert seiner Gesinnung, die Aufrichtigkeit seiner Ueberzeugung und die Kraft seines Wollens ist die Feindschaft, die ihm von seiten des Todfeindes unseres Volkes entgegengebracht wird. Die Anhaenger der Bewegung und im weiterem Sinne das ganze Volk muessen immer und immer wieder darauf hingewiesen werden, dass der Jude in seinen Zeitungen stets luegt, und das selbst eine einmalige Wahrheit nur zur Deckung einer groesseren Faelschung bestimmt und damit selber wieder gewollte Unwahrheit ist. Der Jude ist der grosse Meister im Luegen, und Lug und Trug sind seine Waffen im Kampfe."

Sein Hass und seine Verleumdungen, die er hier versuch,t dem Leser einzublaeuen, sind einfach widerwaertig. Und weiter unten im selben Kapitel gibt er offen zu, dass er unter der Nichtbeachtung seiner sechs oder sieben Personen grossen Partei, am meisten gelitten hat. Dann geht es in gleicher Manier weiter: Zitat:

„Man bedenke, dass sich sechs oder sieben Maenner, lauter namenlose,arme Teufel zusammenschliessen mit der Absicht, eine Bewegung zu bilden, der es dereinst gelingen soll, was bisher den gewaltigen, grossen Massenparteien misslang, die Wiederaufrichtung eines Deutschen Reiches erhoehter Macht und Herrlichkeit. Haette man uns damals angegriffen, ja, haette man uns auch nur verlacht, wir waeren gluecklich gewesen in beiden Faellen. Denn das Niederdrueckende lag nur in der vollstaendigen

Nichtbeachtung, die wir damals fanden, und unter der ich am meisten damals litt.“

Der Leser moege mir verzeihen, dass ich nun zum Ende dieses Kapitels einige Seiten ueberspringe, weil mir beim Lesen dieses fanatischen Schwachsinns immer wieder zum erbrechen uebel geworden ist.

4. Kapitel

ZWEITER BAND VON „MEIN KAMPF“

Die nationalistische Bewegung

Aus dem 1. Kapitel „Weltanschauung und Partei“

Zitat:

„Wenn daher heute unserer Bewegung , beonders von seiten sogenannter nationaler buergerlicher Minister, etwa des bayerischen Zentrums, der geistreiche Vorwurf gemacht

wird, dass sie auf eine „Umwaelzung"
hinarbeite, kann man einem solchen
politisierenden Dreikaesehoch nur eines zur
Antwort geben: Jawohl, wir versuchen
nachzuholen, was ihr in eurer verbrecherischen
Dummheit versaeumt habt.Ihr habt durch die
Grundsaetze eures parlamentarischen
Kuhhandels mitgeholfen, die Nation in den
Abgrund zu zerren; wir aber werden, und zwar
in den Formen des Angriffs, durch die
Aufstellung einer neuen Weltanschauung und
der fanatischen unerschuetterlichen
Verteidigung ihrer Grundsaetze unserem Volke
die Stufen bauen, auf denen es dereinst in den
Tempel der Freiheit wieder emporzusteigen
vermag."
Was fuer einen Tempel der Freiheit er uns
gebaut hat, ist uns allen bekannt.

Aus dem zweiten Kapitel. „Der Staat"

Zitat:

„Da das Volkstum, besser die Rasse, eben nicht in der Sprache liegt, sondern im Blute, wuerde man von einer Germanisation erst dann sprechen duerfen, wenn es gelaenge, durch einen solchen Prozess das Blut der Unterlegenen umzuwandeln. Das aber ist unmoeglich. Es sei denn, es erfolge durch eine Blutsvermischung eine Aenderung, welche aber die Niedersenkung des Niveaus der hoeheren Rasse bedeutet. Das Endergebnis eines solchen Vorganges waere also die Vernichtung gerade der Eigenschaften, welche das Eroberervolk einst zum Siege befaehigt hatten."

Dann schreibt er weiter, dass es besser waere fuer die deutsche Nation, wenn der Vermischungsprozess unterbleiben wuerde und nur eine voelkische, arische Herrenrasse regieren wuerde. Immer wieder der gleiche fanatische Rassenwahn, den er schon in allen Kapiteln vertreten hat.

Zitat:

„Wuerde das deutsche Volk in seiner gechichtlichen Entwicklung jene herdenmaessige Einheit besessen haben, wie sie anderen Voelkern zugute kam, dann wuerde das Deutsche Reich heute wohl die Herrin des Erdballs sein. Die Weltgeschichte haette einen anderen Lauf genommen, und kein Mensch mag zu entscheiden, ob dann nicht auf diesem Wege eingetroffen waere, was so viele verblendete Pazifisten heute durch Winseln und Flennen zu erbetteln hoffen: ein Friede, gestuetzt nicht durch die Palmwedel traenenreicher pazifistischer Klageweiber, sondern begruendet durch das siegreiche Schwert eines die Welt in den Dienst einer hoeheren Kultur nehmenden Herrenvolkes.“

Oder Zitat:

„Jegliche Rassenkreuzung fuehrt zwangslaeufig frueher oder spaeter zum Untergang des Mischproduktes.."

Und hier, was der voelkische Staat unbedingt nachzuholen hat.

Zitat:

„Er hat die Rasse in den Mittelpunkt des allgemeinen Lebens zu setzen. Er hat fuer ihre Reinerhaltung zu sorgen. Er hat das Kind zum kostbarsten Gut eines Volkes zu erklaeren. Er muss dafuer Sorge tragen, dass nur, wer gesund ist, Kinder zeugt; dass es nur eine Schande gibt: bei eigener Krankheit und eigenen Maengeln dennoch Kinder in die Welt zu setzen; doch eine hoechste Ehre: darauf zu verzichten. Umgekehrt aber muss es als verwerflich gelten: gesunde Kinder der Nation vorzuenthalten. Der Staat muss dabei als Wahrer einer tausendjaehrigen Zukunft auftreten, der gegenueber der Wunsch

und die Eigensucht des einzelnen als nichts erscheinen und sich zu beugen haben. Er hat die modernsten aerztlichen Hilfsmittel in den Dienst dieser Erkenntnis zu stellen. Er hat, was irgendwie ersichtlich krank und erblich belastet und damit weiter belastend ist, sich zeugungsunfaehig zu erklaeren und dies praktisch auch durchzusetzen. Er hat umgekehrt dafuer zu sorgen, dass die Fruchtbarkeit des gesunden Weibes nicht beschraenkt wird durch die finanzielle Luderwirtschaft eines Staatsregiments, das den Kindersegen zu einem Fluch fuer die Eltern gestaltet."

Oder weiter:

Zitat:

„Der voelkische Staat muss dabei von der Voraussetzung ausgehen, dass ein zwar wissenschaftlich wenig gebildeter, aber koerperlich gesunder Mensch mit gutem, festem Charakter, erfuellt von

Entschlussfreudigkeit und Willenskraft, fuer die Volksgemeinschaft wert voller ist als ein geistreicher Schwaechling."

Und hier paedagogisch sehr wichtig das Aberziehen von Klagen und emotionaler Schwaeche zeigen, ist in seiner Fantasie sehr wichtig. Die Hauptsache fuer ihn, die Menschen opfern sich treu fuer seine Sache:

Zitat:

"Treue, Opferwilligkeit, Verschwiegenheit sind Tugenden die ein grosses Volk noetig braucht, und deren Anerziehung und Ausbildung in der Schule wichtiger ist als manches von dem, was zur Zeit unsere Lehrplaene ausfuellt. Auch das Aberziehen von weinerlichem Klagen, von wehleidigem Heulen usw. gehoert in dieses Gebiet."

Und nochmal:

Zitat:

"Es ist im uebrigen die Aufgabe eines

voelkischen Staates, dafuer zu sorgen, dass endlich eine Weltgeschichte geschrieben wird, in der die Rassenfrage zur dominierenden Stellung erhoben wird."

Ich kann dieses seitenlange Geschwafel von Rassenwahn, Blutreinheit, Nationalstolz und die Erziehung von Kindern zur Opferbereitschaft fuer das Vaterland und Aberziehung von Mitgefuehl oder Vermischung von „Rassen", nicht mehr hoeren. Es ist so deprimierend, dass ich niemandem empfehlen kann, dieses Buch zu lesen.

Es genuegt hier, einige Auszuege wiederzugeben, um den hasserfuellten Groessenwahn dieses wahnsinnigen Schwerverbrechers zu entlarven. z.B. :

Zitat:

„Sicher aber geht die Welt einer grossen Umwaelzung entgegen. Und es kann nur die eine Frage sein, ob sie zum Heil der arischen

Menschheit oder zum Nutzen des ewigen Juden ausschlaegt.“

Was aus der grossen Umwaelzung geworden ist und das er keinen blassen Schimmer von arischer Menschheit hatte, wissen wir alle heute ganz genau.

Aus dem dritten Kapitel: „Staatsangehoeriger und Staatsbuerger“

Zu meiner Ueberraschung war dieses Kapitel nur anderthalb Seiten lang. Da wettert er darueber, dass jedes „Juden-, Polen-, Afrikaner- oder Asiatenkind“ ohne weiteres zum deutschen Staatsbuerger erklaert werden kann. Zitat:

„Ich weiss, dass man dieses alles ungern hoert; allein etwas Gedankenloseres, ja Hirnverbrannteres als unser heutiges Staatsbuergerrecht ist schwerlich vorhanden.“

Und weiter im Text:

Zitat:

„Es muss eine groessere Ehre sein, als Strassenfeger Buerger dieses Reiches zu sein, als Koenig in einem fremden Staate. Der Staatsbuerger ist gegenueber dem Auslaender bevorrechtigt. Er ist der Herr des Reiches." Auslaenderhetze die bis zum heutigen Tag anhaelt. Ich habe auch ein gewisses „Heimatgefuehl", aber sein „Patriotismus" der nur den eigenen Staatsbuerger zum Herrn des Reiches macht, geht mir einfach zu weit, denn es endet immer im „Fanatismus".

Aus dem vierten Kapitel. „Persoenlichkeit und voelkischer Staatsgedanke"

Zitat:

". *„Eine Weltanschauung, die sich bestrebt, unter Ablehnung des demokratischen Massengedankens, dem besten Volk, also den hoechsten Menschen, diese Erde zu geben,* *muss logischerweise auch innerhalb dieses Volkes wieder dem gleichen aristokratischen Prinzip gehorchen und den besten Koepfen die Fuehrung und den hoechsten Einfluss im betreffenden Volk sichern. Damit baut sie nicht auf dem Gedanken der Majoritaet, sondern auf dem der Persoenlichkeit auf"*

Ja, da haben wir es wieder, Ablehnung des demokratischen Gedankens, um dann ihm, Adolf Hitler, dem besten Kopf, die Fuehrung zu uebergeben. Groessenwahn pur und der Alleinherrschungsanspruch geht weiter:

Zitat:

„Der Marxismus aber stellt sich als den in Reinkultur gebrachten Versuch des Juden dar, auf allen Gebieten des menschlichen Lebens die ueberragende Bedeutung der Persoenlichkeit auszuschalten und durch die Zahl der Masse zu ersetzen. Dem entspricht politisch die parlamentarische Regierungsform, die wir, von

den kleinsten Keimzellen der Gemeinde angefangen bis zur obersten Leitung des gesamten Reiches, so unheilvoll wirken sehen, und wirtschaftlich das System einer Gewerkschaftsbewegung, die nicht den wirklichen Interessen des Arbeitnehmers dient, sondern ausschliesslich den zerstoerenden Absichten des internationalen Weltjuden."

Und weiter:

Zitat:

„Es gibt keine Majoritaetsentscheidungen, sondern nur verantwortliche Personen, und das Wort „Rat" wird wieder zurueckgefuehrt auf seine urspruengliche Bedeutung. Jedem Manne stehen wohl Berater zur Seite, allein die Entscheidung trifft ein Mann."

Hier ist er wieder, der Groessenwahn eines Mannes, der allein die Entscheidung trifft.

Schnell weiter zum naechsten Kapitel.

Aus dem fuenften Kapitel: „Weltanschauung und Organisation"

„Denn um einen Kampf handelt es sich hierbei, insofern die erste Aufgabe nicht heisst: Schaffung einer voelkischen Staatsauffassung, sondern vor allem: Beseitigung der vorhandenen juedischen. Wie so oft in der Geschichte liegt die Hauptschwierigkeit nicht im Formen des neuen Zustandens, sondern im Platzmachen fuer denselben".
Ach du lieber Gott, was fuer ein herrschsuechtiger Tyrann. Leider noch nicht alles, es geht Seite um Seite weiter, dass man ja gehorsam seiner geistigen Fuehrung folgen soll. Zitat:

„Man begriff nie, dass die Staerke einer politischen Partei keineswegs in einer moeglichst grossen und selbstaendigen Geistigkeit der einzelnen Mitglieder liegt, als

vielmehr im disziplinierten Gehorsam, mit dem ihre Mitglieder der geistigen Fuehrung Gefolgschaft leisten. Das Entscheidende ist die Fuehrung selbst. Wenn zwei Truppenkoerper miteinander kaempfen, wird nicht derjenige siegen, bei dem jeder einzelne die hoechste strategische Ausbildung erhielt, sondern derjenige, der die ueberlegenste Fuehrung und zugleich die disziplinierteste, blindgehorsamste, bestgedrillte Truppe hat".

Wegen dieser Anmassung und seiner Fehleinschaetzung hat unter seiner Fuehrung die blindgehorsamste und bestgedrillte Truppe Gott sei Dank dann **keinen** Sieg errungen.

Aus dem sechsten Kapitel: „Der Kampf der ersten Zeit – Die Bedeutung der Rede"

Es geht um seine Kunst zu reden und das seine Partei Herr der Massen sein soll.

Zitat:

„Schon in jener Zeit habe ich immer dafuer Stellung genommen, in wichtigen prinzipiellen Fragen, in denen die gesamte oeffentliche Meinung eine falsche Haltung einnahm, ohne Ruecksicht auf Popularitaet, Hass oder Kampf gegen sie Front zu machen. Die NSDAP durfte nicht ein Buettel der oeffentlichen Meinung, sondern musste ein Gebieter derselben werden. Nicht Knecht soll sie der Masse sein, sondern Herr!"

„Fast immer war es so, dass ich in diesen Jahren vor eine Versammlung von Menschen trat, die an das Gegenteilige von dem glaubten, was ich sagen wollte, und das Gegenteil von dem wollten, was ich glaubte. Dann war es die Aufgabe von zwei Stunden, zwei bis dreitausend Menschen aus ihrer bisherigen Ueberzeugung herauszuheben, Schlag um Schlag das

Fundament ihrer bisherigen Einsichten zu zertruemmern und sie schliesslich hinueberzuleiten auf den Boden unserer Ueberzeugung und unserer Weltanschauung."
Ja, so versuchen es auch die meisten Religionen und Sekten. Die Menschenmassen mit eindringlicher Ueberredungskunst auf ihre Seite zu ziehen, koste es, was es wolle. Da braucht man keine hochintelligenten Reden, sondern man versucht durch eindringliche emotionale Wortfuehrung die Massen auf seine Seite zu ziehen.
Zitat:

„Denn die Rede eines Staatsmannes zu seinem Volk habe ich nicht zu messen nach dem Eindruck, den sie bei einem Universitaetsprofessor hinterlaesst, sondern an der Wirkung, die sie auf das Volk ausuebt. Und dies allein gibt auch den Massstab fuer die

Genialitaet des Redners."

Ja natuerlich, auf einen Professor machen seine Reden natuerlich keinen Eindruck, aber das dumme Volk soll ueberredet werden und eine Wirkung zeigen auf seine „genialen Reden". Leider haben ja seine hinterlistigen Ideen bei vielen gefruchtet.

Aus dem siebten Kapitel; „Das Ringen mit der roten Front"

Die rote Front waren damals fuer ihn die Marxisten, Sozialisten, Demokraten und die Linken. Er beschreibt hier, wie er geschickt seine Spione in den gegnerischen Parteien eingeschleusst hat, um die Stoerungen in seinen Versammlungen zu verhindern und somit auch jede Diskussion im Keim zu ersticken. Er hat dann seine Schlaegertuppen organisiert, die er als Saalordner deklariert hat.

Zitat:

„....dass wir fuer eine gewaltige Idee fechten, so gross und erhaben, dass sie sehrwohl verdiene, mit dem letzten Tropfen Blut beschirmt und beschuetzt zu werden. Sie waren durchdrungen von der Lehre, dass, wenn einmal die Vernunft schweige und die Gewalt die letzte Entscheidung habe, die beste Waffe der Verteidigung im Angriff liege, und das unserer Ordnertruppe der Ruf schon vorangehen muesse, kein Debattierklub, sondern zum aeussersten entschlossene Kampfgemeinschaft zu sein."

Dann beschreibt er wie wichtig fuer ihn Symbole sind, z.B. ein Parteizeichen, eine Parteiflagge, damit die jugendlichen Nationalisten ein Zusammengehoerigkeitsgefuehl bekommen.

Zitat:

„Ich selbst hatte unterdes nach unzaehligen Versuchen eine endgueltige Form niedergelegt; eine Fahne aus rotem Grundtuch mit einer weissen Scheibe und in der Mitte ein schwarzes Hakenkreuz. Nach langen Versuchen fand ich auch ein bestimmtes Verhaeltnis zwischen der Groesse der Fahne und der Groesse der weissen Scheibe sowie der Form und Staerke des Hakenkreuzes. Und dabei ist es dann geblieben. Im gleichen Sinne wurden nun sofort Armbinden fuer die Ordnungsmannschaften in Auftrag gegeben, und zwar eine rote Binde, auf der sich ebenfalls die weisse Scheibe mit schwarzem Hakenkreuz befindet.“

Er schreibt dann, dass er im Februar 1921 das Zelt von Zirkus Krone in Muenchen gemietet hatte und dort, tausende von seinen Ideen ueber das Thema „Zukunft oder Untergang“ ueberzeugen konnte. Es geht dann weiter im

November 1921 als er bei einer Versammlung im Hofbraeuhausfestsaal in Muenchen seine Kritiker von seinen Schlaegertruppen aus dem Saal pruegeln liess.

Zitat:

„Der Tanz hatte noch nicht begonnen, als auch schon mein Sturmtruppler, denn so hiessen sie von diesem Tage an, angriffen. Wie Woelfe stuerzten sie in Rudeln von acht oder zehn immer wieder auf ihre Gegner los und beganen sie nach und nach tatsaechlich aus dem Saale zu dreschen. Schon nach fuenf Minuten sah ich kaum mehr einen von ihnen, der nicht schon blutueberstroemt gewesen waere. Wie viele habe ich damals erst so recht kennengelernt; an der Spitze meinen braven Maurice, meinen heutigen Privatsekretaer Hess und viele andere, die, selbst schon schwer verletzt, immer wieder angriffen, solange sie sich nur auf den Beinen halten konnten.........Da vielen ploetzlich vom

Saaleingang zum Podium her zwei Pistolenschuesse, und nun ging eine wilde Knallerei los. Fast jubelte einem doch wieder das Herz angesichts solcher Auffrischung alter Kriegserlebnisse."

Wie kann jemanden das Herz jubeln, wenn er an Kriegserlebnisse zurueck denkt ? Diese Erlebnisse haben ihm wohl ein Herz aus Stein beschert und den letzten Rest an Verstand zerfressen.

Aus dem achten Kapitel: „Der Starke ist am maechtigsten allein"

In diesem Kapitel versucht er wieder, den Leser davon zu ueberzeugen, dass Arbeitsgemeinschaften, Verbaende und Gruppen nicht das Problem seiner Vorstellung eines siegreichen voelkischen Staates loesen koennen. Nur eine weltumwaelzende Revolution eines einzelnen Fuehrers mit stahlhartem Willen kann diese Probleme loesen.

Zitat:

„Durch die Bildung einer Arbeitsgemeinschaft werden schwache Verbaende niemals in kraeftige verwandelt, wohl aber kann und wird ein kraeftiger Verband durch sie nicht selten eine Schwaechung erleiden. Die Meinung, dass aus der Zusammenstellung schwacher Gruppen sich ein Kraftfaktor ergeben muesse, ist unrichtig, da die Majoritaet in jeglicher Form und unter allen Voraussetzungen erfahrungsgemaess die Repraesentantin der Dummheit und der Feigheit sein wird und mithin jede Vielheit von Verbaenden, sowie sie durch eine selbstgewaehlte mehrkoepfige Leitung dirigiert wird, der Feigheit und Schwaeche ausgeliefert ist. Auch wird durch solchen Zusammenschluss das freie Spiel der

Kraefte unterbunden, der Kampf zur Auslese der Besten abgestellt und somit der notwendige und endgueltige Sieg des Gesuenderen und Staerkeren fuer immer verhindert.“

Aus dem neunten Kapitel: „Grundgedanken ueber Sinn und Organisation der SA.“

Zitat:

„In der Macht also, in der Gewalt, sehen wir die zweite Grundlage jeder Autoritaet. Sie ist bereits wesendlich stabiler,sicherer, durchaus aber nicht immer kraftvoller als die erste. Vereinen sich Popularitaet und Gewalt und vermoegen sie gemeinsam eine gewisse Zeit zu ueberdauern, dann kann eine Autoritaet auf noch festerer Grundlage erstehen, die Autoritaet der Tradition. Wenn endlich Popularitaet, Kraft und Tradition sich verbinden, darf eine Autoritaet als unerschuetterlich betrachtet werden.“

Und weiter:

Zitat:

„Der wirkliche Organisator der Revolution und ihr tatsaechlicher Drahtzieher, der internationale Jude, hatte damals die Situation richtig abgeschaetzt. Das deutsche Volk war noch nicht reif, um in den bolschewistischen Blutsumpf hineingezerrt werden zu koennen, wie dies in Russland gelang. Es lag dies zum groessten Teil an der rassisch immer noch groesseren Einheit zwischen deutscher Intelligenz und deutschem Handarbeiter. Weiter in der grossen Durchdringung selbst breitester Volksschichten mit Bildungselementen, wie dies aehnlich nur in den andern westeuropaeischen Staaten der Fall ist, in Russland jedoch vollkommen fehlte."

Und eine Seite weiter:

Zitat:

„Denn wenn damals auch nur ein einziger

Divisionaer den Entschluss gefasst haette, mit seiner ihm treu ergebenen Division die roten Fetzen herunterzuholen und die „Raete" an die Wand stellen zu lassen, etwaigen Widerstand aber mit Minenwerfern und Handgranaten zu brechen, so wuerde diese Division in noch nicht einmal vier Wochen zu einer Armee von sechzig Divisionen angeschwollen sein. Davor zitterten die juedischen Drahtzieher mehr als vor irgend etwas anderem."

Man erkennt hier wieder ganz deutlich seine Gewaltfantasien, die alles zu rechtfertigen scheinen, was seiner „Bewegung" und seiner politischen Laufbahn dienen koennte. Und natuerlich waren an der Niederlage und dem verlorenen Krieg wieder einmal juedische Drahtzieher schuld.

Weitere Beschuldigung:

Zitat:

„Der Jude war es, der durch seine Presse

unendlich geschickt den Gedanken des „unpolitischen Charakters" der Wehrverbaende zu lancieren verstand, wie er wiederum im politischen Leben ebenso schlau stets die „reine Geistigkeit" des Kampfes pries und forderte. Millionen deutscher Dummkoepfe plapperten dann diesen Unsinn nach, ohne auch nur eine blasse Ahnung zu haben, wie sie sich selbst damit praktisch entwaffneten und dem Juden wehrlos auslieferten."

Und so geht es weiter und weiter.

Ziatat:

„Die Ueberzeugung vom Recht der Anwendung selbst brutalster Waffen ist stets gebunden an das Vorhandensein eines fanatischen Glaubens an die Notwendigkeit des Sieges einer umwaelzenden neuen Ordnung dieser Erde."

Ja, und seine Schlaegertruppe bekommt den Namen „Sturmabteilung" aus der dann spaeter die bekannte SS wurde.

Zitat:

„Nach der Versammlungsschlacht im Muenchener Hofbraeuhaus erhielt die Ordnertruppe einmal fuer immer, zur dauernden Erinnerung an die heldenhaften Sturmangriffe der kleinen Zahl von damals, den Namen Sturmabteilung.“

Und diese Sturmabteilung seiner Schlaegertruppe sind natuerlich nur der Anfang, denn:

Zitat:

„Was wir brauchten und brauchen, waren und sind nicht hundert oder zweihundert verwegene Verschwoerer, sondern hunderttausend und aber hunderttausend fanatische Kaempfer fuer unsere Weltanschauung. Nicht in geheimen Konventikeln soll gearbeitet werden, sondern in gewaltigen Massenaufzuegen, und nicht durch Dolch und Gift oder Pistole kann der Bewegung

<u>die Bahn freigemacht werden, sondern durch
die Eroberung der Strasse. Wir haben dem
Marxismuss beizubringen, dass der kuenftige
Herr der Strasse der Nationalsozialismus ist,
genau so, wie er einst der Herr des Staates sein
wird."</u>
Warum gab es kein Erwachen in der
Bevoelkerung nach solchen Saetzen in seinem
„Bestseller"? Es ist doch eindeitig zuerkennen,
dass Gewalt das Mittel zur Durchsetzung seiner
Ideen war.
Und weiter.
Zitat:
<u>„Rote republikanische Schutzbuendler, die
gegen anmarschierende Kolonnen mit Terror
vorzugehen versuchten, wurden binnen
wenigen Minuten von S.A. Hundertschaften mit
blutigen Schaedeln auseinandergetrieben. Die
nationalsozialistische Bewegung hat damals
zum ersten Male ihre Entschlossenheit gezeigt,</u>

<u>kuenftighin auch fuer sich das Recht auf der Strasse in Anspruch zu nehmen und damit dieses Monopol den internationalen Volksverraetern und Vaterlandsfeinden aus der Hand zu winden.</u>"

Es geht dann ueber viele Seiten weiter, wie er dann mit seiner S.A. (**S**turm**A**bteilung) die eine unrechtmaessige Schlaegerbande war, jegliche Demonstranten und Gegner seiner Partei, blutig niederschlagen liess. Bei einer Veranstaltung in Coburg wurde er am Bahnhof von den Buergern mit „Moerder, Banditen, Verbrecher und Raeuber" begruesst. Seine S.A. haette dann mit dem roten Terror kurzen Prozess gemacht. Da zeigt er doch ganz deutlich, dass er nur mit brachialer Gewalt seine fanatischen Ideen durchsetzen wollte. Jede Seite seines Buches ist durchsetzt mit sturer Ueberheblichkeit und seine aufgeblasene Rhetorik sprueht Gift und Galle gegen jeden, der es wagt, seiner Auffassung zu widersprechen. Es hat mich angewidert und Ueberwindung gekostet, diesen Wahnsinn zu Ende zu lesen.

Aus dem zehnten Kapitel. „Der Foerderalismus als Maske"

Und gleich geht es boesartig weiter, indem er pauschalisiert und alle Gegner als Deserteure und Drueckeberger deformiert, waehrend er ja im Krieg das Vaterland verteidigt hatte. Er hat aber damals als Meldegaenger hinter der Front an keiner Kampfhandlung teilgenommen.
Hier ein Zitat:
„Es waren Kriegskameraden, die mir damals Beistand leisteten, und man kann sich vielleicht in unser Gefuehl hineinversetzen, wenn eine vernunftlos gewordene Masse gegen uns bruellte und uns niederzuschlagen drohte, die waehrend der Zeit, da wir das Vaterland

verteidigt hatten, zum weitaus groessten Teil als Deserteure und Drueckeberger sich in Etappen oder in der Heimat herumgetrieben hatte."

Und immer und immer wieder diese pauschale Verunglimpfung unserer juedischen Buerger. Zitat:

„Man halte sich die Verwuestungen vor Augen, welche die juedische Bastardierung jeden Tag an unserem Volke anrichtet, und man bedenke, dass diese Blutvergiftung nur nach Jahrhunderten oder ueberhaupt nicht mehr aus unserem Volkskoerper entfernt werden kann; man bedenke weiter, wie die rassische Zersetzung die letzten arischen Werte unseres deutschen Volkes herunterzieht, ja oft vernichtet, so dass unsere Kraft als kulturtragende Nation ersichtlich mehr und mehr im Rueckzug begriffen ist, und wir der Gefahr anheimfallen, wenigstens in unseren

Grossstaedten dorthin zu kommen, wo Sueditalien heute bereits ist. Diese Verpestung unseres Blutes, an der Hundertausende unseres Volkes wie blind voruebergehen, wird aber vom Juden heute planmaessig betrieben. Planmaessig schaenden diese schwarzen Voelkerparasiten unsere unerfahrenen, jungen blonden Maedchen und zerstoeren dadurch etwas, was auf dieser Welt nicht mehr ersetzt werden kann."

Ich bin sprachlos. Man kann sich nur schaemen, dass eine solche „Person" ungestraft so eine ueble Hetzschrift schreiben konnte. Ich kann von Glueck sagen, dass ich in einem freien Deutschland aufgewachsen bin und in einem Umfeld gelebt habe, in dem mir kein Fremdenhass und kein Rassismus aufgefallen ist. Der Begriff „Rasse" wurde im dritten Reich mit dem ethnologisch – soziologischen Begriff

„Volk" vermischt. Dadurch entstand die „voelkische Bewegung" in Deutschland und Oesterreich. Nach neuesten Erkenntnissen ist in der Biologie der „Homo Sapiens" die einzige menschliche Art und wird weder in „Rassen" noch in „Unterarten" unterteilt. Aber davon hatte der „Fuehrer" keine Ahnung. Natuerlich habe ich ueber die Jahre auch in den Medien ueber Nazis und Fremdenhass gehoert. Ich dachte aber immer,dass seien kleine Randerscheinungen aber mit der neuerlichen Fluechtlingswelle und der Debatte ueber „Mein Kampf" wurde mir bewusst, dass hier ein laengst tot geglaubter Nationalismus schon wieder seine haessliche Fratze zeigt. Auch ein Grund, warum ich eine Gegendarstellung, gemischt mit Sarkasmuss und etwas Ironie, diesem Buch entgegenstellen wollte.
Weiteres Zitat:
„Der Nationalsozialismus muss grundsaetzlich

das Recht in Anspruch nehmen, der gesamten deutschen Nation ohne Ruecksicht auf bisherige bundesstaatliche Grenzen seine Prinzipien aufzuzwingen und sie in seinen Ideen und Gedanken zu erziehen."

Ja genau, die gesamte deutsche Nation war dumm und musste vom Nationalsozialismus erst richtig erzogen werden.

Da ist er wieder „Mein Krampf".

Aus dem elften Kapitel. „Probaganda und Organisation"

In diesem Kapitel unterteilt er seine „Bewegung" (NSDAP) in Anhaenger und Mitglieder und die Aufgabe der Propaganda sei es, die Anhaenger zu werben und die Aufgabe der Organisation, Mitglieder zu gewinnen. Das man dem Volk die Lehre aufzwingen muss, um den Sieg der Bewegung zu erreichen, geht dann eindeutig aus seinen ewig langen Saetzen hervor.

Zitat:

„Die Propaganda versucht eine Lehre dem ganzen Volke aufzuzwingen, die Organisation erfasst in ihrem Rahmen nur diejenigen, die nicht aus psychologischen Gruenden zum Hemmschuh fuer eine weitere Verbreitung der Idee zu werden drohen."

Und weiter:

Zitat:

„Der durchschlagende Erfolg einer weltanschaulichen Revolution wird immer dann erfochten werden, wenn die neue Weltanschauung moeglichst allen Menschen gelehrt und, wenn notwendig, spaeter aufgezwungen wird, waehrend die Organisation der Idee, also die Bewegung, nur so viele erfassen soll, als zur Besetzung der

Nervenzentren des in Frage kommenden Staates unbedingt erforderlich sind."

Er schreibt dann noch in ellenlangen und langweiligen Saetzen, wie er aus einer Sechsmaennerpartei im Herbst 1919, eine Bewegung gemacht hat, die auf dem Prinzip des „Fuehrergedankens" beruht und die mit mathematischer Sicherheit als Sieger hervorgehen wuerde. Am 9. November 1923 fand die Aufloesung der Partei und die Beschlagnahmung ihres Vermoegens statt. Dieses bezifferte sich insgesamt auf hundertsiebzigtausend Goldmark.

Aus dem zwoelften Kapitel. „Die Gewerkschaftsfrage"

Zitat:

„Nicht die Gewerkschaft ist „klassenkaempferisch", sondern der Marxismus hat aus ihr ein Instrument fuer seinen

Klassenkampf gemacht. Er schuf die wirtschaftliche Waffe, die der internationale Weltjude anwendet zur Zertruemmerung der wirtschaftlichen Basis der freien, unabhaengigen Nationalstaaten, zur Vernichtung ihrer nationalen Industrie und ihres nationalen Handels und damit zur Versklavung freier Voelker im Dienste des ueberstaatlichen Weltfinanz-Judentums.“

Er ueberlegt dabei, ob er die Gewerkschaften fuer seine nationalistischen Ideen benutzen und veraendern kann. In dem er 1. eine eigene Gewerkschaft gruendet und den Kampf gegen die internationalen marxistischen Gewerkschaften aufnimmt oder 2. In die existierenden marxistischen Gewerkschaften eindringt, um sie mit seinem neuen Geist zu erfuellen und sie in seine Gedankenwelt umzuformen. Und dann kommt wieder sein aufgeblasener Pathos.

Zitat:

„Wer in jener Zeit die marxistischen Gewerkschaften wirklich zertruemmert haette, um an Stelle dieser Institution des vernichtenden Klassenkampfes der nationalsozialistischen Gewerkschaftsidee zum Siege zu verhelfen, der gehoerte mit zu den ganz grossen Maennern unseres Volkes, und seine Bueste haette dereinst in der Walhalla zu Regensburg der Nachwelt gewidmet werden muessen.“

Aus dem dreizehnten Kapitel. „Deutsche Buendnispolitik nach dem Kriege“

Auch hier ergiesst sich eine Flut von langweiligen Thesen und Theorien, die keinen logischen Beweis beinhalten, sondern nur seinen sturen, egozentrischen Willen wiedergeben, den er mit aller ihm zur Verfuegung stehenden Ueberredungskunst, dem Leser aufdraengen will. Es ist mir heute noch ein Raetsel, wie man auf solch eine einseitige Hetze und so ein dummes Geschwafel hereinfallen konnte.

Zitat:

„Das Finanzjudentum wuenscht, entgegen den Interessen des britischen Staatswohls, nicht nur die restlose wirtschaftliche Vernichtung Deutschlands, sondern auch die vollkommene politische Versklavung." Und:

Zitat:

„So ist der Jude heute der grosse Hetzer zur restlosen Zerstoerung Deutschlands. Wo immer wir in der Welt Angriffe gegen Deutschland lesen, sind Juden ihre Fabrikanten, gleichwie ja auch im Frieden und waehrend des Krieges die juedische Boersen und Marxistenpresse den Hass gegen Deutschland planmaessig schuerte, so lange, bis Staat um Staat die Neutralitaet

aufgab und unter Verzicht auf die wahren Interessen der Voelker in den Dienst der Weltkriegskoalition eintrat.“

Das er aber selbst der grosse Hetzer war und den Hass gegen Juden planmaessig schuerte, war ganz offensichtlich. Selbstkritische Gedanken kamen ihm wohl nie in den Sinn. Weiteres Zitat:

„Was Frankreich, angespornt durch eigene Rachsucht, planmaessig gefuehrt durch den Juden, heute in Europa betreibt, ist eine Suende wider den Bestand der weissen Menschheit und wird auf dieses Volk dereinst alle Rachegeister eines Geschlechts hetzen, das in der Rassenschande die Erbsuende der Menschen erkannt hat.“

Danach geht es wieder ueber viele Seiten mit seiner ueberheblichen und besserwisserischen Art weiter, indem er ueber Frankreich und Suedtirol seinen unqualifizierten Senf dazu niedergeschrieben hat.

Zitat:

„Suedtirol hat „verraten" erstens jeder Deutsche ‚der in den Jahren 1914 – 1918 bei geraden Gliedern nicht irgendwo an der Front stand und seine Dienste seinem Vaterlande zur Verfuegung stellte; zweitens jeder, der in diesen Jahren nicht mitgeholfen hat, die Widerstandsfaehigkeit unseres Volkskoerpers fuer die Durchfuehrung des Krieges zu staerken und die Ausdauer unseres Volkes zum Durchhalten dieses Kampfes zu festigen; drittens Suedtirol hat verraten jeder, der am Ausbruch der Novemberrevolution – sei es direkt durch die Tat oder indirekt durch die feige Duldung derselben – mitwirkte und dadurch die Waffe, die allein Suedtirol haette retten koennen, zerschlagen hat; und viertens, Suedtirol haben verraten alle die Parteien und ihre Anhaenger, die ihre Unterschriften unter

die Schandvertraege von Versaeilles und St. Germain setzten.

Natuerlich, die Vertraege sind Schuld und alle Menschen, die sich nicht im bewaffneten Kampf zur Verfuegung gestellt haben und gestorben sind. Er allein hat den grossen Durchblick und ihm allein gebuehrt es, ueber Suedtirol ein Urteil zu sprechen.

Und weiter:

Zitat:

*„Der Kampf, den das **faschistische Italien** gegen die drei Hauptwaffen des Judentums, wenn auch vielleicht im tiefsten Grunde unbewusst (was ich persoenlich nicht glaube) durchfuehrt, ist das beste Anzeichen dafuer, dass, wenn auch auf indirektem Wege, dieser ueberstaatlichen Macht die Giftzaehne ausgebrochen werden. Das Verbot der freimaurerischen Geheimgesellschaften, die Verfolgung der uebernationalen Presse sowie der dauernde*

Abbruch des internationalen Marxismus und umgekehrt die stete Festigung der faschistischen Staatsauffassung werden im Laufe der Jahre die italienische Regierung immer mehr den Interessen des italienischen Volkes dienen lassen koennen, ohne Ruecksicht auf das Gezische der juedischen Welthydra."
Dann schreibt er wieder, was seine nationalistische Bewegung fuer gewaltige Aufgaben zu erfuellen hat, um die juedische „Weltgefahr" aufzuhalten.
Zitat:
„Sorgen aber muss sie dafuer, dass wenigsten in unserem Lande der toedlichste Gegner erkannt und der Kampf gegen ihn als leuchtendes Zeichen einer lichteren Zeit auch den anderen Voelkern den Weg weisen moege zum Heil einer ringenden arischen Menschheit."
Mein Gott Walter, was fuer ein schwuelstiges Dummgeschwaetz!

Aus dem vierzehnten Kapitel: „Ostorientierung oder Ostpolitik"

Auch in diesem Kapitel versucht er, den Leser langsam von seinen Expansionsideen zu ueberzeugen. Er fuehrt an, dass ja die anderen Laender, wie Russland, China und die amerikanische Union, wesentlich groesser seien und wir, das deutsche Volk, eine groessere „Bodenflaeche" braeuchten. Selbst bei Frankreich koenne man, durch die Vernegerung des Heeres, von einem afrikanischen Staat auf europaeischen Boden reden. Seine nationalistische Bewegung muss also:
Zitat:
„Sie muss dann, ohne Ruecksicht auf „Traditionen" und Vorurteile, den Mut finden, unser Volk und seine Kraft zu sammeln zum Vormarsch auf jener Strasse, die aus der heutigen Beengtheit des Lebensraumes dieses

Volk hinausfuehrt zu neuem Grund und Boden und damit auch fuer immer von der Gefahr befreit, auf dieser Erde zu vergehen oder als Sklavenvolk die Dienste anderer besorgen zu muessen."

Damit suggeriert er natuerlich, dass wir als Sklavenvolk anderen Dienste leisten muessten, wenn wir nicht unseren Lebensraum vergroessern wuerden und beschwoert die Leser, dass die Nationalsozialisten auch mit Gewalt dem deutschen Volk dem ihm gebuerenden Grund und Boden auf dieser Erde sichern muessten. Natuerlich hat er auch hier wieder den Schuldigen gefunden, der um die Staatsgrenzen schachert.

Zitat:

„Nicht Fuersten und fuerstliche Maetressen schachern und feilschen um Staatsgrenzen, sondern der unerbittliche Weltjude kaempft fuer seine Herrschaft ueber die Voelker. Kein

Volk entfernt diese Faust anders von seiner Gurgel als das Schwert."

„So liegt schon in der Tatsache des Abschlusses eines Buendnisses mit Russland die Anweisung fuer den naechsten Krieg. Sein Ausgang waere das Ende Deutschlands."
Ja, genau das ist aber dank seines Groessenwahns passiert. Das Ende Deutschlands wurde 1945 besiegelt.
Zitat:

„Der Kampf gegen die juedische Weltbolschewisierung erfordert eine klare Einstellung zu Sowjet – Russland. Man kann nicht den Teufel mit Beelzebub austreiben."
Ich weiss nicht wie oft ich in diesem Buch gedacht habe: „Was fuer ein riesiges Arschloch" aber es ist sehr oft passiert, dass kann ich dem Leser versichern.

Aus dem letzten dem fuenfzehnten Kapitel. „Notwehr als Recht"

In diesem seinem letzten Kapitel versucht er, vehement seine Angriffs- und Kriegslust gegenueber Nachbarlaender zu rechtfertigen, weil ja seit dem zwoelften Jahrhundert die „Sprachgrenze" zu unseren Ungunsten verschoben wurde. Hallo !? Das stellt er dann als Notwehr hin und glaubt, damit im Recht zu sein.

Zitat:

„Erst wenn dies in Deutschland vollstaendig begriffen sein wird, so dass man den Lebenswillen der deutschen Nation nicht mehr in bloss passiver Abwehr verkuemmern laesst, sondern zu einer endgueltigen aktiven Auseinandersetzung mit Frankreich zusammenrafft und in einen letzten Entscheidungskampf mit deutscherseits

groessten Schlusszielen hineinwirft: erst dann wird man imstande sein, das ewige und an sich so unfruchtbare Ringen zwischen uns und Frankreich zum Abschluss zu bringen; allerdings unter der Voraussetzung, dass Deutschland in der Vernichtung Frankreichs wirklich nur ein Mittel sieht, um danach unserem Volk endlich an anderer Stelle die moegliche Ausdehnung geben zu koennen."

Und weiter Zitat:

„Man musste sich vergegenwaertigen, dass aus den blutigsten Buergerkriegen haeufig ein stahlharter, gesunder Volkskoerper erwuchs, waehrend aus kuenstlich gehegten Friedenszustaenden oefter als einmal die Faeulnis zum Himmel empor stank. Voelkerschicksale wendet man nicht mit Glacehandschuhen. So musste man im Jahre 1923 mit brutalstem Griff zufassen, um der Nattern habhaft zu werden, die an unserem

Volkskoerper frassen. Gelang dies, dann erst hatte die Vorbereitung eines aktiven Widerstandes Sinn."

Danach sein Gestaendnis fuer die Bewunderung eines anderen Diktators.

Zitat:

„In dieser Zeit – ich gestehe es offen – fasste ich die tiefste Bewunderung fuer den grossen Mann suedlich der Alpen, der in heisser Liebe zu seinem Volke mit den inneren Feinden Italiens nicht paktierte, sondern ihre Vernichtung auf allen Wegen und mit allen Mitteln erstrebte. Was Mussolini unter die Grossen dieser Erde einreihen wird, ist die Entschlossenheit, Italien nicht mit dem Marxismus zu teilen, sondern, indem er den Internationalismus der Vernichtung preisgab, dass Vaterland vor ihm zu retten."

Der grosse Mann suedlich der Alpen war auch

nur 169 Zentimeter gross, genau wie die meisten Diktatoren auf dieser Welt. Seine faschistische Diktatur beruhte auf Krieg und brutaler Unterdrueckung und er war somit ein strahlendes Vorbild des Fuehrers. Das er unter die Grossen dieser Erde eingereiht werden wuerde, stimmt, unter die groessten Kriegsverbrecher ! Er weisst dann noch auf seinen Schlusssatz seiner Rede im grossen Prozess im Fruehjahr 1924 hin:

Zitat:

„Die Richter dieses Staates moegen uns ruhig ob unseres damaligen Handelns verurteilen, die Geschichte als Goettin einer hoeheren Wahrheit und eines besseren Rechtes, sie wird dennoch dereinst dieses Urteil laechelnd zerreissen, um uns alle freizusprechen von Schuld und Fehle.“

Was soll ich dazu noch sagen ? Keine Spur von Unrechtsbewusstsein, einfach nur ueberheblicher Groessenwahn. Und selbst in seinem Schlusswort setzt er nochmal einen drauf.

Zitat:

„Ein Staat, der im Zeitalter der Rassenvergiftung sich der Pflege seiner besten rassischen Elemente widmet, muss eines Tages zum Herrn der Erde werden.“

Da ist er wieder „Mein Krampf" !

So, jetzt hab ich aber die Nase aber gestrichen voll, ueber diesen boesartigen, engstirnigen „Fuehrer" zu lesen. Bin froh, am Ende dieses Buches angekommen zu sein. Ich musste mich durchbeissen, aber es war mir ein Beduerfnis, meine Meinung dazu in Worte zu fassen. Seit den fuenfziger Jahren hatte ich die schrecklichen Bilder im Kopf. Erst in der Schule, dann im Kino oder in Fernsehsendungen, habe ich diese schrecklichen Verbrechen gesehen. Es ist wahrscheinlich auch eine Aufarbeitung meiner Psyche, damit ich mir den Seelenklempner erspare und meinen „Krampf" endlich ablegen kann. Es ist nur ein kleiner Teil an Originalzitaten aus dem Buch „Mein Kampf", aber ich kann dem Leser versichern, der groessere Teil dieses Buches ist ein langweiliger Murks an sich immer wiederholenden Starrsinn. Das kann man schon an den aufgefuehrten Zitaten erkennen. Es ist nicht einmal Wert, Literatur genannt zu werden. Dieses Buch soll eigentlich den Rechtsdrall in Deutschland bekaempfen und ist eine gute Lektuere fuer Pegida, NPD und AFD Anhaenger.

5. Kapitel

Der zweite Weltkrieg und andere Gedanken.

Es ist schon von Fachleuten und Historikern, alles und bis ins kleinste Detail, ueber diesen Krieg geschrieben worden und deshalb will ich nur kurz darauf eingehen, denn es war wohl der schlimmste Krieg, den unser Planet je gesehen hat. Wer mehr erfahren will, kann sich in zahlreicher Litaratur darueber genauestens informieren. Ich moechte hier nur an einige schlimme Ereignisse erinnern und die Auswirkungen, an denen Millionen Menschen bis heute zu leiden haben.

Der Zuspruchn, den Hitler von rechten Nationalisten von Anfang an bekommen hat, und all die Mitlaeufer, die ihm unterwuerfig gefolgt sind, haben ihm erst den Weg geebnet und ihn in seiner Fuehrerrolle bestaetigt. Es ist also auch ein kollektives Verschulden und ein kollektives Versagen der damaligen deutschen Buerger.

Es gab natuerlich auch Widerstand, wie z.B. in Muenchen von einigen jungen Studenten, die unter Einsatz ihres Lebens kleine Flugblaetter gegen das Hitlerregime gedruckt und verteilt hatten. Sie nannten sich „Die weisse Rose", leider heute schon fast vergessen. Sie haben wenigstens einen kleinen Teil der deutschen Ehre gerettet. Gleichermassen moechte ich hier die vielen Attentaeter erwaehnen, die es versucht haben, aber leider gescheitert sind. Es gab 39 dokumentierte Attentatsversuche auf Hitler, die Dunkelziffer liegt wahrscheinlich wesentlich hoeher, aber wird wohl nie aufgedeckt werden. Der Bekannteste unter ihnen war wohl Stauffenberg, der es mit einer Bombe im Aktenkoffer versucht hatte. Er musste, wie die jungen Studenten aus

Muenchen, mit seinem Leben dafuer bezahlen. Das Scheitern der Attentate hat Hitler tatsaechlich in den Glauben versetzt, er sei der Auserwaehlte und unbesiegbare Fuehrer. Was fuer ein Caesarenwahn !

Ich kenne den zweiten Weltkrieg nur aus alten schwarz-weiss und wenigen Farbfilmen, da ich erst 1947 geboren wurde. Doch diese Filme haben mich bis heute beeindruckt. Wenn ich als Volksschueler in Offenbach, im Unterricht diese Greueltaten gesehen hatte, war ich anschliessend sehr deprimiert. Diese seelischen Wunden halten bis heute an und haben in mir den Wunsch erzeugt, mit meinem Buch „Mein Krampf", etwas gegen das Buch „Mein Kampf" von Adolf Hitler zu stellen.
Wie um Himmels willen konnte es geschehen, dass solch ein Buch ein Bestseller wurde ? Wie konnte es sein, dass man so viele deutsche

Buerger, auf Grund dieser Lektuere und nur weil sie einer anderen Religion oder „Rasse" (Ich mag das Wort Rasse nicht, weil wir alle Menschen sind) angehoerten, einfach verdammte, verurteilte und aus der Gesellschaft ausgestossen hatte ? Wie ich schon am Anfang des Buches erwaehnt habe, es ging hin bis zur staatlich verordneten Brandstiftung, Raub und Massenmord. Ich habe Filme gesehen, in denen man die Scheiben von juedischen Geschaeften eingeschlagen hat, die Menschen herausgezerrt, brutal gestossen und mit Gewehrkolben maltretiert hat (Progromnacht November 1938, in ganz Deutschland brannten Synagogen und juedische Geschaefte wurden gepluendert),und ich sehe noch heute die entsetzten Gesichter dieser Menschen, die sich keiner Schuld bewusst waren und kein Mensch hat sich damals eingemischt und ein STOP gefordert.

Aber das war auch noch nicht das Ende der Gewalt. Alle diese Menschen waren unschuldige Opfer und das Schlimmste stand ihnen noch bevor. Ich habe die Viehwaggons in Filmen gesehen, mit denen man alle, Kinder, Frauen, junge und alte Maenner, wie Schlachtvieh abtransportiert hat. Dann erst kam das Unvorstellbare, alle wurden noch in den Konzentrationslagern ihrer letzten Habseligkeiten beraubt, Kleidung, Schuhe, Uhren, Ringe und zum Schluss sogar ihrer Haare. Danach hat man sie unter perfiden Luegen zum Duschen gechickt, die sich aber als todbringende Gaskammern herausstellten. Das war der groesste Massenmord und Genozid, den es je in der Geschichte der Menschheit gegeben hat. Diese seine Anhaenger, waren einfach Moerder, Kriegsverbrecher, groessenwahnsinnig, bestialisch, brutal und sie sollen bis heute verfolgt werden, denn Mord verjaehrt nicht.

Der Fuehrer versuchte, diese Verbrechen und seine Minderwertigkeitskomplexe mit lautem Bruellen zu ueberdecken. Bis heute kann ich Leute, die ihre Ueberzeugung mit lautem Gebruell vertreten, nicht leiden. Da faellt mir immer wieder der Satz meines Vaters ein, „Wer bruellt, ist im Unrecht". Ok, natuerlich ist es nicht immer leicht zu sagen, ob einer der bruellt, wirklich Recht hat oder nicht, aber schon die Haltung des Vortragens stoert mich. Vor allen Dingen hat mich die Menge, „Der Mob", die dem Fuehrer zugejubelt haben, bis heute nachhaltig beeindruckt, ja das hat sich ueber die Jahrzehnte so bei mir eingepraegt, dass ich bis heute jegliche Massenveranstaltungen meide und ich niemals ein Mitglied in einer Partei, einem Verein, Gewerkschaft, Genossenschaft, Club oder sonstigen Vereinen war. Auch die christliche

Kirche gehoert dazu, die ihre Pfarrer,Priester und Kardinaele von der Kanzel aus die Massen beeinflussen laesst. Da wird aus erhoehter Position auf die Schaefchen mit eindringlicher, suggestiver Stimme eingesprochen, gewarnt, gedroht und ihnen versprochen, dass nur derjenige in den Himmel kommt, der sich zum Christentum bekennt. Das Fazit waere ja, die anderen kommen alle in die Hoelle. Was ist das fuer ein Bloedsinn ? Und das sind die gleichen Christen, die sich damals nicht genug von der grausamen Hitlerdiktatur distanziert haben, aber Panzer usw. vor der Schlacht gesegnet haben, was fuer Heuchler.

Aus dieser Kirche bin ich schon fruehzeitig ausgetreten, weil ich auch dort die gleichen Anzeichen der Massensuggestion wie im dritten Reich gefunden habe. Es mutet schon seltsam an, wenn ein Pfarrer von der Kanzel predigt, Jesus ist fuer Eure Suenden gestorben (Wie kann jemand, der vor 2000 Jahren gestorben ist, fuer unsere heutige Suenden sterben ? Irrsinn oder ? Dann darf man einfach seine Suenden beichten und ruck zuck ist man suendenfrei ud alles ist vergeben) oder Gott gab Moses am Berg Sinai die zehn Gebote (Warum nur Moses, nur einer Person auf dieser Erde, warum nicht allen Menschen ?) aber die Kirche selbst hat viele Suenden begangen und ihre eigenen zehn Gebote missachtet. Ich musste noch in den Konfirmationsunterricht gehen und bin da oft des Unterrichts verwiesen worden, weil ich als freidenkender Mensch alles hinterfragt und immer wieder Zweifel angemeldet habe. Es faellt mir schwer, die Verbrechen der Kirche in der Vergangenheit zu vergessen und zu vergeben. Paepste haben sich benommen wie Diktatoren, Kinder gezeugt und diese in verschiedenen Staedten als Bischoefe eingesetzt, um ihre Macht zu festigen. Intrigen wurden geschmiedet und Morde in Auftrag gegeben, hallo Leute, aufwachen !! Soll ich das alles vergessen ? !

Oder ich brauche nur an die Hexenverbrennungen im Mittelalter zu denken. Was fuer grausame Verbrechen an so vielen sachverstaendigen Frauen und Maennern im Namen der Kirche begangen wurden.

Angeblich, weil sie mit dem Teufel im Bunde standen, aber eher noch, weil sie mehr wussten als die Kirchentraeger.

Oder „Galilei Galileo", der italienischer Physiker und Astronom, der damals unerwuenschte Beweise gegen das von der Kirche verteidigte Weltbild lieferte. Nach einem Inquisitionsverfahren 1633 musste er der kopernikanischen Lehre (die Planeten drehen sich um die Sonne) oeffentlich abschwoeren und entging nur knapp der Hinrichtung auf dem

Scheiterhaufen. Und die Paepste nennen sich bis heute „Vertreter Gottes auf Erden", dass finde ich ist Blasphemie.

Die vielen sexuellen Uebergriffe von Mitgliedern der „Christlichen Kirche" an Jungen und Maedchen in der juengsten Vergangenheit setzen dem noch die Krone auf. Der Vatikan laesst bis heute keine Entschuldigung verlauten und keinen Einblick in seine finanziellen Machenschaften zu und der dumme deutsche Michel zahlt bis heute „Kirchensteuer !" Fast das einzigste Land in Europa. In Oesterreich kann man als Katholik bis zu 400.- Euro die Kirchensteuer als Sonderabgabe absetzen. In vielen Laendern Europas werden Pfarrer und Prisster wie Beamte vom Staat bezahlt. Das sollte man abschaffen, denn die Kirche nimmt schliesslich genug Geld ueber ihre ungerechtfertigten Steuern ein. In Spanien, Schweden und Finnland sind es 0,7 – 1 % den zu versteuernden Einkommens. Der Deutsche Michel zahlt natuerlich am meisten, 9% seines Einkommens. Ich lebe seit vielen Jahren in Spanien, einem Land mit tiefem christlichen Glauben, aber wenn ich den Menschen hier erzaehle, dass man in Deutschland jeden Monat an die Kirche 9% Steuern zahlen muss, dann lachen die mich immer wieder aus. Nein, ich finde die Kirche ist unglaubwuerdig und nicht mehr zeitgemaess, sie schafft sich selbst ab. Sie passt nicht mehr ins dritte Jahrtausend und wird dieses nicht ueberstehen.

Man schaue nur in die taeglichen christlichen TV Sendungen, die alle mit aufgeblasenen Predigern strotzen, die sich auf die Biebel beziehen und jeden mit ihrem lauten aufdringlichen gebruell fuer „ihre christliche Sache" ueberzeugen wollen, dann erinnert mich das nicht ans Himmelreich sondern auch eher ans dritte Reich.

Ich persoenlich bin von der Wissenschaft und ihren Fakten ueberzeugt. Glauben heisst: „Ich vermute etwas". Wissen heisst, „Ich weis etwas". Die Wissenschaft ist heute auf allen Gebieten der Religion haushoch ueberlegen. Die Fakten sind so eindeutig, dass es eigentlich keine Religion mehr geben duerfte. Aber so leicht kann man Milliarden von glaeubigen Menschen nicht ueberzeugen. Es bedarf noch vieler Jahrzehnte oder Jahrhunderte, bis sich endlich die Vernunft und das Wissen durchsetzen kann. Karl Marx hat schon 1844 richtig gesagt, die Religion ist: „Opium fuers Volk".

(Opium wurde als Betaeubungsmittel damals bei allen Operationen in Krankenhaeusern benutzt und in China, von den Englaendern, um die Bevoelkerung gefuegig zu machen).

Aber zurueck zur Wissenschaft, die Astronomie macht seit vielen Jahrzehnten gewaltige

Fortschritte. Die neuen digitalen Techniken, die man zur Untersuchung des Universums benutzen kann, sind vielversprechend. Allein das Hubble-Weltraumteleskop hat im Bereich des elektromagnetischen Spektrums vom Infrarotbereich bis hin zum Ultraviolettbereich fantastische Bilder geliefert. Der Einblick in unser Universum mit ihren gigantischen Ausmassen ist atemberaubend und wir koennen uns auf immer bessere Erkenntnisse in der Zukunft freuen. Nur mal so am Rande, was mich enorm beeindruckt hat. Abgesehen von Milliarden von Meteoroiten, Asteroiden, Monden, Planeten und Sternen, gibt es wiederum Milliarden von Planetensysteme, Sternhaufen, Galaxien, Galaxienhaufen, Superhaufen und LQG (Large Quasar Group) mit ca. 4 Mrd. Lichtjahren Durchmesser, einfach unvorstellbar.

Mir hat mal ein Astronom gesagt, es gibt mehr

Sterne und Planeten im Universum als
Sandkoerner auf unserem Planeten. Das ist
eine unvorstellbare Summe. Da stell ich mir
vor, ich sitze an irgendeinem Strand und nehme
eine Hand voll Sand auf, um die Koerner zu
zaehlen. Muessen wohl Zigtausende sein und
dann kommt ein Bagger und nimmt eine
Schaufel von mehreren Zentnern auf, dass
muessen dann wohl schon hunderte von
Millionen oder sogar Milliarden Sandkoerner
sein. Dann schau ich den Strand entlang und
mir wird schwindelig vor der riesigen Zahl.
Doch das ist noch lange nicht alles, denn es ist
ja nur ein winziger Teil der abertausend
Straende dieser Welt. Wow, was fuer eine
Vorstellung von der groesse unseres
Universums sich da auftut, „mindblowing"!
Die neuesten Bilder von Galaxien haben auch
ergeben, dass es in solchen Gebilden schwarze
Loecher gibt, die alles um sie herum

verschlingen, sogar „Zeit". Schon Albert Einstein befasste sich mit Raum und Zeit und dem Wesen der Gravitation. Er stellte fest, dass Zeit relativ ist und wenn wir uns mit Lichtgeschwindigkeit von der Erde entfernen wuerden, die Zeit auf der Erde vermeintlich schneller vergehen wuerde. Folgedessen waeren wir bei der Rueckkehr mit Lichtgeschwindigkeit juenger als unsere eigenen Kinder, das ist ein Fakt. Die heutigen Wissenschaftler fanden auch heraus, das Zeit immer langsamer wird, je naeher sie einem schwarzen Loch kommt. Wenn man eindringen koennte, wuerde die Zeit stillstehen. Es gaebe keine Zeit mehr! Da wir bei unserem Universum bei der Entstehung von einem Urknall ausgehen, bei dem Raum, Zeit, Geist und Materie entstanden sind, muessen wir logischerweise davon ausgehen, dass es nichts davon vorher gegeben hat. Folgedessen ist das

Universum aus dem Nichts entstanden, also auch ohne Zeit, ohne Geist, ohne Raum und ohne Materie, die ja alle erst durch den Urknall entstanden sind. Und folgedessen kann es auch keinen Geist und keinen Gott gegeben haben. Ich denke unser Geist ist ein Produckt der sich immer wieder veraendernten Materie aus Raum und Zeit und erst in der juengsten Zeit (Ein Wimpernschlag im Universum) hat unser Geist, Religion und damit auch Gott erschaffen. Doch zurueck zu anderen Massenvenomenen.

Ich finde es auch verhaltensgestoert, wenn in einem Fussballstadium die Anhaenger der einen Seite bruellen und auf der anderen Seite die anderen Anhaenger dagegen bruellen. Da erkennt man wieder die leichtfertige Rudelbildung der Massen. Und nach dem Spiel schlagen sich beide „Parteien" gegenseitig den

Schaedel ein. Hundertschaften der Polizei muessen den „Mob" dann auseinandertreiben und verhindern, dass die „Fans" sich mit den gegenseitigen „Fans" eine Schlacht liefern. Das erinnert mich schon ein wenig an die verbohrte braune Vergangenheit. Wo bleibt der gesunde Menschenverstand ? Jede Seite will gewinnen, aber nur eine Seite kann den Sieg erringen, das ist doch eigentlich selbstverstaendlich. Doch der Respekt gilt nur der eigenen Mannschaft, wie engstirnig. Da wird jedes „Tooooooor" lauthals bejubelt, egal ob es abseits war oder nicht, man will nur das eigene Team gewinnen sehen, koste es, was es wolle. Das erinnert mich leider an die groelende Menge, die dem Fuehrer zugejubelt haben und nur ihn als Gewinner sehen wollten. Oder es erinnert an den kleinen Drecksack Goebbels, der die Massen verfuehrte und damals rumgeschriehen hat „wollt ihr den totalen Krieg !?" und die

Massen schriehen lauthals zurueck:
„Jaaaaaaaaaa !!". Da laeuft es mir immer
wieder eiskalt ueber den Ruecken.
Und da ist er wieder „Mein Krampf".

Der Groessenwahn und die Raffgier gingen
soweit, dass sich Hitler in seiner Heimatstadt
Linz ein gigantisches Museum fuer die
Kunstgegenstaende, die er in Europa und der
ganzen Welt geraubt hatte, bauen wollte. Aber
noch groesser war der Groessenwahn, den er
fuer seine Reichshauptstadt „Germania"
erdacht hatte. Albert Speer, sein bevorzugter
Architekt, sollte eine gigantische Autobahn von
Ost nach West und von Nord nach Sued bauen
und am Schnittpunkt dieser
Monumentalachsen sollte die „Grosse Halle"
(Ruhmeshalle) mit 315 mal 315 Meter
Grundflaeche und 320 Meter Hoehe, das
groesste Kuppelgebaeude der Welt gebaut

werden. Hitler wollte Berlin zu seiner Welthauptstadt machen, die mit keiner Stadt der Welt zu vergleichen sein sollte. Da ist er wieder, **absoluter, gigantischer, arroganter Groessenwahn.**

Aber das allerschlimmste aller Verbrechen wird immer sein, der Voelkermord an Juden, Sinti und Roma und an Andersdenkenden. Man hat nie einen schriftlichen Befehl von Hitler gefunden, diese Verbrechen zu begehen. Er dachte wohl, falls man ihn jemals zur Rechenschaft ziehen wuerde, koenne man ihm dann nichts nachweisen. Aber es gibt muendliche Aussagen, dass er Himmler und seinen SS-Schergen den Befehl gegeben hat. Dieser Befehl musste wiederum von tausenden von SS Schergen und Soldaten ausgefuehrt werden. Es gibt Filme, in denen man sieht, wie Himmler mit unberuehrter Miene im KZ an

Hunderten von abgemerkelten Haeftlingen vorbei geht und sogar, wie er an Erschiessungen teilnimmt. Da wurden Frauen und kleine Kinder mit Genickschuessen hingerichtet. Abscheulich ! Das alles hat Hitler schon in diesem Buch „Mein Kampf" angedeutet. Damals haette ich diesen Verbrechern gerne das Tagebuch der Anne Frank um die Ohren gehauen. Das unschuldige kleine Maedchen, das im KZ von Bergen-Belsen umgebracht wurde, weil sie juedischen Glaubens war. Sie hatte sich mit ihrer Familie in einem Hinterhaus in Amsterdam vor den Nationalsozialisten versteckt und ihr Erlebnis in einem Tagebuch festgehalten. Aber auch das haette diese Verbrecher kalt gelassen, denn sie waren dem Rassenwahn, dem Groessenwahn, der Kriegslust verfallen und kannten kein Mitleid oder Empathie fuer ein menschliches Wesen. Fuer sie zaehlte nur die Partei, Hitler und die Macht, kein Funken Mitgefuehl fuer andere Laender oder Menschen.

Bis in die letzten Tage des zweiten Weltkrieges 1945, hat Hitler an seinem wahnwitzigen Endsieg festgehalten, obwohl man ihm die Aussichtslosigkeit des Krieges vorgetragen hatte. Alle Laender dieser Welt (ausser Japan) hatten sich gegen ihn gewendet. Doch jeder, der sich seiner aussichtslosen Befehle widersetzte, bis zur letzten Kugel zu kaempfen, wurde verhaftet oder erschossen. Deutschland und sein Militaer war am Boden und total zerstoert, doch er hat sogar die letzten Kinder, die noch aufzutreiben waren, in den sicheren Tod geschickt. Was fuer ein gewissensloser, sturkoepfiger, Kriegsverbrecher. Er selbst war da schon ein menschliches Wrack und die Parkinsonkrankheit liess seine Haende zittern. Man nannte es die „Schuettellaehmung", aber sein Starrsinn war ungebrochen. Gegen seine Krankheit hat ihm sein privater Arzt taeglich verschiedene Arzneimittel gegeben. Pervitin war damals ein oft benutztes Mittel. Es hat Soldaten in Euphorie versetzt und ihnen die Angst vor einem Kampf genommen. Man vermutet, dass Hitler auch Cocain von seinem Arzt bekommen hat, was ihn sehr wahrscheinlich drogenabhaengig gemacht hatte.

Himmler, seine rechte Hand, der groesste Verbrecher in seinem Team, war auch gleichzeitig sein Verraeter, der hinter seinem Ruecken, um selbst Strafen zu entgehen, mit den Alliierten geheime Verhandlungen aufgenommen hatte. Hat ihm aber trotzdem nichts geholfen.

Warum Hitler dann im Bunker in Berlin seine Lebensgefaehrtin Eva Braun in letzter Minute noch geheiratet hat, um wenige Stunden danach Selbstmord zu begehen, ist wohl seiner gespaltenen Persoenlichkeit und seinem Irrsinn zu verdanken. Das Gift fuer den Selbstmord hat er erst an seinem Schaeferhund ausprobiert, um sicher zu gehen, das es wirkt. Dann hat er seine Frau Eva damit vergiftet und vermutlich sich selbst. Um ganz sicher zu gehen, hat er sich noch in den Kopf geschossen.

Er haette noch Tausende von jungen Soldaten in den letzten Tagen 1945 das Leben retten koennen, aber sein egoistischer Starrsinn und seine masslose Selbstueberschaetzung an den sogenannten „Endsieg", kostete diesen jungen Soldaten auch noch das Leben. Als dann die russischen Truppen bis tief in Berlin eingedrungen waren, hat der grosse „Fuehrer" sein wahres Gesicht gezeigt. Feige, und mit der Schuldzuweisung an alle anderen, „Das Deutsche Volk haette kein Durchhaltevermoegen und haette ihn verraten" hat er sich seiner Verantwortung entzogen, in dem er Selbstmord begangen hat. Seinen Adjudanten hat er noch den Befehl gegeben, seinen Koerper und den seiner Frau Eva nach dem Selbstmord sofort zu verbrennen, damit die Leichen niemanden als Beweis seiner Niederlage in die Haende fallen wuerde. Wie kann man nur einem solchen feigen Verraeter am deutschen Volk nachtrauern oder seine Idiologie und seine Hetze bis heute vertreten ? Da ist er wieder „Mein Krampf"

Es wird hoechste Zeit, die braune Vergangenheit fuer immer hinter uns zu lassen. Niemand auf dieser Erde moechte unter brutaler Gewalt und einer solchen Diktatur jemals wieder leben.

6. Kapitel

Nach dem Krieg und seine Wirkung bis heute.

Seit ich 1947 geboren wurde, hat mich die Auswirkung des Nationalsozialistischen Regimes ein Leben lang begleitet. Nachdem 1945 das Hitlerdeutschland kapituliert hatte, existierte Deutschland nicht mehr. Es gab lediglich 4 Besatzungszonen. Amerikanische,englische,franzoesische und russische Zone. Meine Familie hatte das Pech, in der russischen Zone zu leben, im gruenen Herz Deutschlands, in Thueringen, was leider nach dem Krieg an Russland fiel. Es stellte sich schnell heraus, dass Stalin ein ebenso schlimmer Diktator und Kriegsverbrecher war wie Hitler. Deutschland wurde zerissen und die komunistische Einheitspartei in Ostdeutschland SED, bildete ein paralleles Deutschland und nannte es DDR (Deutsche Demokratische

Republik, was fuer ein Witz). Was in diesem Staat „demokratisch" oder „republikanisch" war,entzieht sich bis heute meiner Kenntniss. Mir erschienen die Politiker damals als kommunistische Arschkriecher, die ihr Faehnchen in den russisch kommunistischen Wind gehaengt hatten. Dazu kam noch ein gehoeriger Rest an Nationalismus aus der braunen Vergangenheit. Man konnte die gleichen Muster erkennen. Dazu habe ich in „Meyers Taschenlexikon" ,original ostdeutsche Ausgabe, aus dem Jahr 1965, unter Hitler folgende Beschreibung gefunden. (Man beschreibt ihn dort als politischen Abenteurer. Da lachen ja die Huehner)

Zitat:

„Hitler Adolf, 1889 – 30.4.1945, gruendete als politischer Abendteurer 1921 die arbeiterfeindliche NSDAP, 1923 „Hitler Putsch"

in Muenchen, probagierte in seinem Buch „Mein Kampf"die Ziele des faschistischen deutschen Imperialismus, seit 1926 von der deutschen Schwerindustrie finanziell unterstuetzt, 1933 Pakt H.-Papen, 30.1.1933 Reichskanzler. Unter Hitlers Fuehrung wurde die terroristische Diktatur des deutschen Finanzkapitals errichtet. Die antinationale imperialistische Politik der Unterdrueckung des eigenen Volkes und der Unterjochung und Ausrottung der Voelker Europas erreichte im zweiten Weltkrieg ihren Hoehepunkt. Hitler entzog sich durch Selbstmord der Strafe fuer seine Verbrechen am deutschen Volk und an der Menschheit." Zitat Ende.

Kein einziges Wort ueber Kriegsverbrechen und kein einziges Wort ueber die Judenverfolgung und den Massenmord in den KZ's an Millionen von unschuldigen Menschen.

Oder unter „Diktatur des Proletariats", steht:
Zitat :

„Staatsmacht der Werktaetigen. Grundlage ist das Buendnis swischen der fuehrenden Arbeiterklasse, den werktaetigen Bauern und der Intelligenz zwecks voelliger Beseitigung des Kapitalismus; Ziel ist die Errichtung und Festigung des Sotziealismus-Kommunismus; die Formen der D.d.P. koennen verschieden sein. Die D.d.P. ist „Demokratie fuer die riesige Mehrheit des Volkes" (Lenin) Die Lehre von der D.d.P. ist der revolutionaere Kern, das Wesen des Marxismus-Leninismus. Die D.d.P. ist die unbedingte Voraussetzung fuer den Aufbau einer sotzialistisch-kommunistischen Gesellschaft; in der Periode des entfalteten Aufbaus des Kommunismus wird sie vom Volksstaat abgeloest." Zitat Ende.

Leute, da faellt mir nichts mehr ein. So einen engstirnigen Schwachsinn konnte man nur in der DDR drucken.

Ja, da staunt man, auch hier kein einziges Wort ueber Konzentrationslager oder die Ermordung von Millionen von Juden !? Kein einziges Wort ueber Kriegsverbrechen und den Groessenwahn, andere Laender zu ueberfallen. Da schimmert doch ganz deutlich noch die braune Vergangenheit durch, besonders wenn Politiker ihre Buerger beluegen („Niemand hat die Absicht eine Mauer zu bauen" hat Walter Ulbricht noch kurz vor dem Mauerbau 1961 im Fernsehen gelogen) und von einer Geheimpolizei, der STASI, bis in die Familie hinein bespitzeln liessen. Jegliche freie Meinungseusserung wurde unterbunden. Gleichzeitig wurde ein Schiessbefehl erlassen gegen alle Menschen, die in die Freiheit fluechten wollten. Man nannte es Republikflucht und es war ein Verbrechen ? Unglaublich ! Hunderte wurden an der Grenze erschossen, nur weil sie das Menschenrecht, in Freiheit leben zu wollen, mit einer Flucht versucht hatten. Maler, Musiker und Schriftsteller mussten genau darauf achten, was sie malten, sangen oder schrieben. Alles musste mit der Einheitspartei im Einklang sein, alles wurde kontrolliert, diktiert und gegebenenfalls annuliert. Was waren das fuer Menschen ? Was war das fuer ein „demokratischer" Staat ? Die Partei und ihre Schergen waren alle Diktatoren und Unterdruecker!

Lange vor der Wiedervereinigung gab es schon Fremdenfeindlichkeit in der DDR, Hass gegen Auslaender wurde vom Staat nicht verfolgt, weil es im Arbeiter- und Bauernstaat so etwas nicht geben durfte. Nach der

Wiedervereinigung fand man heraus, dass es ca. 700 rechtsradikale Uebergriffe und Hetzjagden auf Auslaender gab (alles kommunistische Freunde wie Kubaner und Vietnamesen), die alle von der Stasi damals registriert wurden. All diese Uebergriffe, tausende von verletzten Menschen bis hin zum Mord, wurden totgeschwiegen. Genau die gleiche Taktik wie sie im Hitler-Deutschland verwendet wurde. Von diesen Soldaten und Schreibtischtaetern sind die meisten noch am Leben und beziehen bis heute, als Dank fuer ihre Straftaten, eine satte Rente in unserer Bundesrepublik Deutschland. Wie kann das sein? Als Dank fuer ihre Verbrechen? Diese Leute muessten eigentlich alle eine Strafe absitzen und danach von Hartz 4 leben. Denn das ist doch ein Hohn fuer all die Mauertoten und seelisch und koerperlich Geschaedigten aus der ehemaligen DDR-Diktatur. Wo bleibt da die Gerechtigkeit ?

Ich bin Kuenstler, habe mir nie etwas zu Schulden kommen lassen, habe 20 Jahre in Westdeutschland gearbeitet und Steuern gezahlt, dafuer bekomme ich nun eine Altersregelrente von 264.- € im Monat. Leider die traurige Wahrheit in unserer ach so gerechten Sozialdemokratie. Daran sieht man deutlich, das die Schere der ungerechten Verteilung unseres Volksvermoegens immer mehr auseinander geht. Die Reichen werden immer reicher und die Armen immer aermer. Wenn man sieht, dass, laut Spiegel 2016, 10% der Reichen in Deutschland ueber 60% des Nettovermoegens in Deutschland besitzen und **62 Personen** der Superreichen auf diesem Planet, die **halbe Welt** besitzen, dann ist das alamierend.

Ein VW Vorstandsvorsitzender Martin Winterkorn verdient, nein sorry, wird unverdient ueberschuettet, mit knapp 16 Millionen Euro jedes Jahr. Trotz Wissen und Ruecktritt nach dem Abgasskandal hat er Anspruch auf eine jaehrliche VW Rente von 1,33 Million Euro. Seinem Vertrag entsprechend 70% der letzten Festbezuege. Das sind monatlich mehr als 110.000.- Euro und das hat mancher kleiner Rentner nicht einmal in zehn Jahren. Ist das gerecht ?
Da ist er wieder „mein Krampf" !

Im Laufe der Jahrzehnte habe ich dann noch ueber Dokumentationen erfahren, wie vielen Menschen die Flucht auf dramatische Weise gelungen ist. Mit Kleinstsegelbooten, Surfbrettern und Luftmatratzen haben sie es ueber die Ostsee nach Daenemark gewagt. Leider ist die Anzahl derer, die es nicht

geschafft haben, bis heute im Dunkeln.
Menschen, die es an Drahtseilen ueber die
Mauer nach Westberlin geschafft haben oder
junge Frauen und Maenner, die es mit
selbstgebauten Kleinflugzeugen oder
Heissluftballons versucht haben und auch die,
die erfolgreich einen Tunnel gegraben hatten.
Bei so vielen Menschen, die die Flucht gewagt
haben, muesste es doch bei jedem normal
denkenden Mitglied im Politbuero die
Schamroete ins Gesicht getrieben haben, aber
nein, sie haben bis heute kein Bedauern und
kein Unrechtsbewusstsein.
Zu jeder Zeit konnte man doch den
unbaendigen Willen der Menschen erkennen,
in Freiheit leben wollten. Wie konnte man das
ignorieren ? Es war doch ganz offensichtlich.
Wer es damals nicht in die Freiheit geschafft
hat, der wurde einfach auf der Flucht
erschossen (dafuer gab es noch einen Orden)

oder er wanderte ueber viele Jahre ins Gefaengniss. Was war das fuer ein Staat ? Die Kinder von Republikfluechtigen wurden in Heime gesteckt oder einfach zur Adoption freigegeben. Das sind fuer mich Verbrechen an der Menschenwuerde.

Manchmal war ich sehr betroffen, wenn ich solche Berichte im Deutschen TV gesehen hatte und auch heute noch empfinde ich grosse Hochachtung und tiefes Mitgefuehl fuer die Menschen, die es geschafft haben, die sich damals nicht aufgegeben haben und ihre menschliche Wuerde behielten. In dieser Beziehung hatte ich ja noch Glueck mit meinem Schicksal, denn die Flucht mit meiner Familie 1953 hatte noch einigermassen gut funktioniert. Man hat mir als Sechsjaehrigen einfach nur erzaehlt, wir wuerden nach Berlin fahren, um Tante Olga zu besuchen. Selbst im ueberfuellten Fluechtlingslager habe ich immer noch nach Tante Olga gefragt, aber nachdem man uns nach Westdeutschland ausgeflogen hatte und wir alle im neuen Fluechtlingslager angekommen waren, wurde mir klar, Tante Olga gab es nicht, sie war nur eine Illusion. Die Hauptsache aber war, meine Eltern und meine vier Brueder hatten die Flucht koerperlich gesund ueberstanden. Wir hatten uns damals in drei Gruppen geteilt. Meine Eltern mit dem Juengsten und jeweils zwei Brueder getrennt. Ohne Koffer und ohne jegliches Hab und Gut, damit wir nicht auffallen. Wir hatten uns in Westberlin verabredet und wiedergetroffen. Das ist leider nicht vielen Fluechtlingen gelungen, wir hatten Glueck und deshalb ist mein Schicksal nicht so dramatisch wie es bei den anderen war. Wir haben viele Monate im Fluechtlingslager gelebt und wurden dann wegen Ueberfuellung ueber die amerikanische

Luftbruecke ausgeflogen, um dort im Westen wieder im Fluechtlingslager zu landen. Wir waren froh, alle sieben Familienmitglieder, in einer Baracke, in einem Raum mit Stockbetten zu wohnen und aus der Kleiderkammer einige gebrauchte Klamotten zu bekommen. Es gab auch eine Lagerkueche, in der wir etwas zu Essen bekamen. Darueber waren wir sehr dankbar.

Nur mal so als Randbemerkung, Begruessungsgeld, freundliche Umarmung, herzlich Willkommen, Wohnungen, Waschmaschinen oder gar Autos gab es damals nicht. Im Gegenteil, 1954 waren Fluechtlinge im Westen nicht gern gesehen und verspottet, es hiess immer: „Bring mir ja keinen Fluechtling mit nach Hause". Ich selbst habe in meiner Kindheit darunter gelitten. Als ich das erste Jahr in Blumberg/Baden zur Schule ging, haben die Kinder auf dem Schulhof immer gerufen

„Fluechtling, Fluechtling !" und meinen ostdeutschen Dialekt nachgeaefft. Seitdem habe ich versucht, nur noch hochdeutsch zu sprechen. Auch der Lehrer in Blumberg hat mich seine Abneigung gegen Fluechtlinge spueren lassen. Wenn ich auf der Schiefertafel einen Buchstaben nicht richtig geschrieben hatte, gab es sofort Schlaege mit einem Rohrstock auf die Finger, die danach dick geschwollen waren. Den Namen des Lehrers habe ich nie vergessen, er wird wohl heute nicht mehr am Leben sein, da er schon damals ein alter Nationalist war. Viele Menschen in Ost und West waren immer noch der Meinung, sie koennten Recht, Ordnung und Disziplin, wie sie es im dritten Reich gelernt hatten, an schwaecheren Menschen auslassen. Sie hatten nichts dazugelernt, kannten kein Mitgefuehl und auch kein Unrechtsbewusstsein.

Auch die musikalischen Massenveranstaltungen im freien Westdeutschland hatten und haben ihre Tuecken. Ich war nur ein einziges mal bei einer Grossveranstaltung in den 70 ziger Jahren bei den Rolling Stones. Ich habe mir angesehen, wie die Menschen, ohne jegliche Kritik, immer wieder gejohlt,geklatscht und gejubelt haben, egal ob Mike Jagger falsche Toene gesungen hat oder Keith Richards, im Rausch, auf seiner Gitarre falsche Akkorde heruntergeschrammelt hat. Oder die Leute in der ersten Reihe einen Eimer Wasser ueber die Koepfe bekommen hatten, alles wurde im Wahn der Veranstaltung ohne Kritik hingenommen. Ok, ich gebe zu, ich mag trotzdem heute noch einige Lieder.
In der heutigen Zeit, und mehr als 25 Jahre nach dem Mauerfall, gibt es leider immer noch oder schon wieder, ehemalige ostdeutsche Politiker, Musiker und Komiker, die in den Talkshows davon reden, dass die DDR ja gar

nicht so schlecht gewesen sei. Hallo !? Das erinnert mich doch gleich wieder an die Nazizeit. Nicht alles sei damals schlecht gewesen. Das hoert sich so an wie, "Ich habe nichts gegen Auslaender aber..." Sie haben sicherlich noch nie davon gehoert, dass hunderttausende von Kindern in der DDR in Kinderheimen misshandelt wurden. Schwererziehbare Kinder wurden in Spezialheime gesteckt und dort unter militaerischen Drill misshandelt. Selbst die „normalen" Kinderheime waren ein Ort des Schreckens, denn man wollte die Kinder fuer die sozialistische Arbeiterpartei vorbereiten und sie gegen den imperialistischen Westen aufhetzen. Das alles sei damals ja gar nicht so schlecht gewesen, denn sie hatten ja auch den Rotkaeppchen Sekt, Colasirup Sinello zum Mischen mit Milch und den „Luxuswagen 353" von Wartburg, abgesehen vom Trabbi, all die schoenen Dinge, mit denen sie aufgewachsen waren. Sie wollen das Wort „Unrechtsstaat" nicht hoeren und nicht in den Mund nehmen. Auch die Linkspartei (Teile der ehemaligen SED) will bis heute dieses Wort nicht benutzen. Die haben sicherlich vergessen, wie lange man auf einen Trabbi oder einen Kuehlschrank warten musste oder fuer Orangen und Bananen, wenn es ueberhaupt welche gab, in einer Schlange anstehen musste. Sie wussten wohl auch nicht, wie viele Nachbarn bespitzelt, verraten und verhaftet wurden. Nun, dann will ich als geborener Thueringer es nochmal klar und deutlich sagen:

Die DDR war ein UNRECHTSSTAAT !

Ich kann hier nicht alle Grausamkeiten an den Menschen auffuehren, weil vieles davon verschwiegen und verlorengegangen ist, aber ich kann hier an dieser Stelle mein tiefstes

Mitgefuehl an all die Menschen ausdruecken, denen in der damaligen DDR Unrecht geschehen ist. Ihr seid meine Landsleute, ich kann euch also gut verstehen, ich fuehle mit euch, ich umarme Euch in Gedanken und wuensch Euch ein glueckliches Leben.

Auch heute muessen wir wieder sehr gut aufpassen, denn es sind die politischen Parteien im Gesamtdeutschland, die sich immer wieder profilieren wollen und bei jeder Wahl den Menschen das Blaue vom Himmel versprechen. Sie werden trotzdem wieder vom Volk gewaehlt, weil das Volk keine Moeglichkeit hat, die korrupten, luegenden Politiker nach der Wahl zu ahnden. Und dann kommt noch erschwerend hinzu, fuer jeden Politiker im Parlament gibt es gleich mehrere Lobbyisten, die zielgerichtet die Grossen in der Industrie vertreten und damit alle Entscheidungstraeger in Politik und Verwaltung beeinflussen. Warum laesst man diese Beeinflussung ueberhaupt zu ? Es waere doch leicht, diese Einmischung seitens der Industrie abzustellen. Wo bleibt die politische Unaghaengigkeit ? Es gibt kaum noch eine echte Volksentscheidung durch Wahlen, sie sind alle beeinflusst von der Grossindustrie und den Superreichen. Unsere Politiker sind eigentlich nur noch Marionetten dieser Leute. Und da ist er wieder „Mein Krampf"

So, jetzt habe ich endlich all meinen Frusst abgelassen und komme zu der Ueberzeugung, dass ich mich selbst ins Abseits gestellt habe. Denn all die Millionen Menschen, die ich kritisiert habe, vom Schauspieler bis zum Fussballfan, vom Massenurlauber bis zum christlichen Kirchengaenger und vom reichen Vorstandsmitglied bis zum Politiker, sind erst einmal vor den Kopf gestossen und nicht unbedingt begeisterte Leser meines Buches. Ok, da hab ich wohl einen absoluten „Bestseller" geschrieben, juhu, ha ha ! Egal, gegen den Rechtsruck, gegen Rassisten und gegen Auslaenderfeindlichkeit in Deutschland und fuer ein friedliches, demokratisches vereintes Europa, musste ich das einfach mal zu Papier bringen.

Lebenslauf

Udo Lutz Burkhardt, geboren in Gera, Thüringen im Mai 1947. Flucht über Berlin nach Westdeutschland mit Eltern und vier Brüdern im Frühjahr 1953. Schulbeginn in Blumberg-Baden 1954. Umzug nach Offenbach am Main 1955 und Grundschulabschluss 1962. Nach dreijähriger Lehre Abschluss als Dekorateur 1965. Umschulung als grafischer Zeichner in Bad-Pyrmont und Abschluss 1969. Heiratet seine Frau Margarita im Januar 1972. Ausstellungen und als Musiker im Raum Frankfurt taetig bis 1981. Erste LP mit eigenen Texten und Kompositionen bei Bellaphon in Frankfurt 1982. Immigration nach England 1983 und dann nach Spanien 1985. Nachdem seine Frau 2013 an Krebs erkrankte, schrieb er sein erstes Buch ueber seine 40 jaehrige Liebe. Bis heute als Maler, Musiker und Autor tätig.